실용적 컴퓨팅 사고와 소프트웨어

김원 · 김진환 · 김한숙 · 문정경 · 민연아 · 송근실 · 양순옥 · 이정훈 · 전성미 · 전영철 지음

생능출판

실용적 컴퓨팅 사고와 소프트웨어

초판인쇄 2018년 7월 20일
초판발행 2018년 7월 27일

지은이 김 원 · 김진환 · 김한숙 · 문정경 · 민연아 · 송근실 · 양순옥 · 이정훈 · 전성미 · 전영철
펴낸이 김승기
펴낸곳 (주)생능출판사 / **주소** 경기도 파주시 광인사길 143
출판사 등록일 2005년 1월 21일 / **신고번호** 제406-2005-000002호
대표전화 (031)955-0761 / **팩스** (031)955-0768
홈페이지 www.booksr.co.kr

책임편집 손정희 / **편집** 신성민, 김민보, 정수정 / **디자인** 유준범
마케팅 최복락, 최일연, 김민수, 심수경, 차종필, 백수정, 최태웅, 김범용, 김민정
인쇄/제본 영신사

ISBN 978-89-7050-953-2 93000
정가 22,000원

이 책은 과학기술정보통신부 SW중심대학사업의 일환인 가천대학교 소프트웨어 중심대학 사업단의 지원
을 받아 개발되었습니다.

머리말

최근 사회에 큰 변화를 이끄는 원동력은 소프트웨어(software, SW) 기술이다. 인터넷, 스마트폰, 앱 등 SW 기반의 기술이 여러 거대한 산업을 일으켰다. 또한 사물인터넷(Internet of Things, IoT), 로봇, 드론(drone), 자율주행 자동차, 가상현실 및 증강현실, 인공지능 등 SW 기반의 신기술이 여러 산업을 발전시키고 있다.

우리는 이미 이렇게 SW가 산업, 경제, 그리고 삶의 중심이 되는 세상에서 살고 있다. 대학 교육은 물론 초중등 교육도 이러한 현실을 반영하여 변화해야 개인과 국가의 경쟁력을 유지할 수 있을 것이다.

우리나라는 2018년부터 중학교에서 SW 기초교육을 의무화하고, 2019년부터는 초등학교도 SW 기초교육을 의무화한다. 이미 여러 나라에서 초중등 교육과정에 SW 기초교육을 실시하고 있다. 교육과정에는 스크래치, 엔트리, 아두이노, 파이썬, 가상현실, 멀티미디어 활용 등이 포함되고 있다. 교육부의 목표는 초중등 학생들에게 코딩 자체보다는 '컴퓨팅 사고'를 일깨워 주는 데 있다.

또한 우리나라에서는 2015년부터 과학기술정보통신부 주도로 SW중심대학 사업이 시행되고 있다. SW중심대학으로 선정된 대학들은 전교생 대상으로, 전공을 불문하고, SW 기초교육을 실시하고 있다.

이와 같이 초중등 학교 SW 기초교육의 목표는 컴퓨팅 사고를 키워 주는 것이며, 많은 대학교에서도 "컴퓨팅 사고"라는 이름의 교과목을 운영하기 시작했다. 그러나 컴퓨팅 사고에 대한 정의 자체가 명확하지 않으며, 교육 대상에 따라 컴퓨팅 사고의 교육 수준과 목표를 다르게 해야 하는 문제가 있다.

컴퓨팅 사고를 다룬 책과 논문이 이미 여러 편 나와 있다. 제목에 "컴퓨팅 사고"라는 표현이 포함되어 있지만, 내용은 파이썬 매뉴얼이거나, 컴퓨터공학 개론인 책들도 있다. 자넷 윙(Jeannette Wing)처럼 SW 전문가도 이해하기 힘든 수준으로 전문적이고 상세한 정의를 내리고 있는 경우도 있다.

우리는 이 책에서 컴퓨팅 사고를 "SW를 개발하는 전 과정에서 사용되는 논리적 사고"라고 본다. 일반적으로 SW는 규모가 크고, 그러한 SW를 개발하기 위해서는 요구 사항을 정리하고, 설계를 하며 설계된 것을 구현하며, 구현한 것을 시험해서 오류가 없도록 해야 한다.

규모가 큰 SW의 개발은 여러 개발자가 업무를 나누어 진행해야 하고, 나누어 개발한 것을 순차적으로 통합해야 한다. 설계는 여러 단계에 걸쳐 상세 설계에 도달한다. 상세 설계 단계에서 알고리즘을 만들고, 상세 설계한 것을 프로그래밍 언어를 사용하여 구현한다.

기존의 출간된 책이나 논문들은 '컴퓨팅 사고'를 코딩 단계로 국한시키는 경향이 있다. 그러나 컴퓨팅 사고는 코딩 단계에만 적용되는 것은 절대 아니다. 알고리즘을 만들 때, 즉 상세 설계 단계에도 적용되고, 기본 설계를 여러 단계에 걸쳐 상세 설계로 만들어 갈 때도 적용된다. 규모가 있는 SW가 이렇게 개발되기 때문에 컴퓨팅 사고는 완성된 SW의 구조에도 그대로 나타난다.

우리는 이 책에서 프로그래밍 언어, 알고리즘, 대형 SW 개발 과정 및 SW 구조 등에 스며들어 있는 공통된 개념들을 모은 것을 '컴퓨팅 사고'라고 정의한다. 컴퓨팅 사고는 모든 IT 분야에서 개발하고 설계할 때 필요한 개념이다. 코딩할 때는 물론이고, SW 구조나 SW 설계 및 개발 과정에도 적용된다.

학생들이 컴퓨팅 사고를 학습함으로써 논리적이고 창의적으로 문제를 해결하는 능력을 키우는 것을 돕고자 하였다. 학생들은 이론보다는 실습을 선호하며, 이론도 핵심을 꿰뚫어 일상생활과 연결해 주면 쉽게 이해하고, 창의력을 잘 발휘한다는 것 등을 지난 수년간 교육하면서 알게 되었다.

컴퓨팅 사고를 올바르게 익히기 위해서는 프로그래밍 언어를 사용하여 프로그램을 만들어 봐야 한다. 스크래치, 엔트리, 앱인벤터 등 교육용 프로그래밍 언어들은 SW 비전공자들이 쉽게 접할 수 있어 컴퓨팅 사고 교육에 적합하다는 것도 확인하였다.

이 책에서는 우리의 이러한 경험을 바탕으로 학생들이 컴퓨팅 사고의 본질을 이해하고, 컴퓨팅 사고의 요소들을 쉽게 배울 수 있도록 일상적인 언어로 설명하였다. 학생들의 흥미와 호기심을 유발하여 창의력을 끌어내어 융합적인 사고를 할 수 있도록 노력하였다.

프로그래밍과 알고리즘 예제는 상황에 맞추어 스크래치 언어와 유사 코드(pseudo code)로 표현하였다. 컴퓨팅 사고의 영역을 알고리즘과 대형 SW 설계 및 구현에 적용하는 것을 소개하였다.

일상생활 속에서 누구나 인터넷과 스마트폰 활용을 쉽게 하는 것과 같이 컴퓨팅 사고도 문제를 해결할 때 누구나 무의식적으로 쉽게 사고하는 방식으로 자리 잡아가야 할 것이다. SW에 대한 기본적인 이해가 필요한 시대에, SW비전공 대학생들과 SW 기초교육을 운영해야 할 초중등 교사 및 강사들이 컴퓨팅 사고를 쉽게 이해하고 적용하는 데 도움이 되었으면 하는 마음으로 이 책을 집필하게 되었다.

이 책은 우리가 지난 3년 동안 가천대학교 SW중심대학 사업의 중요한 요소로 운영해 온 전교생 대상 SW 기초교육의 경험을 기반으로 집필할 수 있었다. 가천대 이길여 총장님이 가천대가 명실공히 "SW중심대학"으로 빠른 속도로 발전하도록 SW중심대학 사업을 전폭적으로 지원해 주신데 대해 감사의 말씀을 드린다. 또한 이 책을 쓰는 동안 세심한 배려와 열의를 갖고 신경써주신 ㈜생능출판사 관계자 여러분께도 심심한 감사의 말씀을 드린다.

2018년 6월
저자 일동

강의계획서

1부에서는 컴퓨팅 사고의 개념을 제시하고 스크래치 예제를 통하여 컴퓨팅 사고를 배운다. 2부에서는 검색, 정렬 등 기본적인 알고리즘을 유사 코드의 형태로 배운다. 3부에서는 심화된 내용으로 배열, 연결 리스트, 스택, 큐와 같은 데이터 구조를 유사 코드의 형태로 배운다. 또한 소프트웨어 개발과 소프트웨어 구조에서 컴퓨팅 사고의 개념이 어떻게 사용되는지를 배운다.

위 내용을 16주로 강의할 경우 13주차와 14주차는 교수자 재량에 따라 6장 기타 주요 알고리즘, 7장 데이터 구조와 알고리즘, 8장 소프트웨어 개발과 구조 중 선택하여 강의하는 것을 제안한다. 또한 15주차는 교수자 재량에 따라 자율 프로젝트를 실시하는 것을 제안한다. 즉, 교수자 재량에 따라 학생 수준에 따른 내용의 선택 및 플립드 러닝을 통한 토론 등 자율 강의를 운영하여 수업 방식 개선 및 창의 수업을 통한 대학 교육의 질을 개선하는 것을 제안한다.

주차	내용
1주차	강의 소개 및 1장 컴퓨팅 사고
2주차	2장 스크래치로 배우는 컴퓨팅 사고(1): 순차와 반복
3주차	2장 스크래치로 배우는 컴퓨팅 사고(1): 조건 처리
4주차	2장 스크래치로 배우는 컴퓨팅 사고(1): 변수
5주차	3장 스크래치로 배우는 컴퓨팅 사고(2): 리스트
6주차	3장 스크래치로 배우는 컴퓨팅 사고(2): 함수
7주차	3장 스크래치로 배우는 컴퓨팅 사고(2): 분산 및 병렬 처리, 추상화
8주차	중간고사
9주차	4장 검색하기: 반씩 나누어 검색하기
10주차	4장 검색하기: 글자 검색하기
11주차	5장 정렬하기: 최솟(최댓)값 찾아 순서대로 나열하기
12주차	5장 정렬하기: 두 그룹씩 합치면서 순서대로 나열하기
13주차	교수자 재량에 따라 6장~8장 중 선택하여 강의 ※ 6장 기타 주요 알고리즘 ※ 7장 데이터 구조와 알고리즘 ※ 8장 소프트웨어 개발과 구조
14주차	교수자 재량에 따라 6장~8장 중 선택하여 강의
15주차	교수자 재량에 따라 자율 프로젝트 실시
16주차	기말고사

차례

PART 01 스크래치로 배우는 컴퓨팅 사고

CHAPTER 01 컴퓨팅 사고

1.1 컴퓨팅 사고   14

1.2 프로그래밍을 통한 문제 해결   17

   1.2.1 기본 기능   18

   1.2.2 스크래치 블록으로 기능 엮기   20

   1.2.3 순차적으로 처리하기   21

   1.2.4 반복하기   22

   1.2.5 조건 처리하기   23

  ■ 연습문제   27

CHAPTER 02 스크래치로 배우는 컴퓨팅 사고(1)

2.1 순차와 반복   31

   2.1.1 스크래치로 배우는 순차와 반복 처리   31

2.2 조건 처리   52

   2.2.1 스크래치로 배우는 조건 처리   52

2.3 변수   67

   2.3.1 변수의 개념   67

   2.3.2 변수의 사용   69

   2.3.3 스크래치로 배우는 변수   71

  ■ 연습문제   82

CHAPTER 03 스크래치로 배우는 컴퓨팅 사고(2)

3.1 리스트   98

   3.1.1 리스트의 개념   98

   3.1.2 스크래치로 배우는 리스트   102

3.2 함수   117

   3.2.1 문제 나누기   118

   3.2.2 함수   119

   3.2.3 스크래치로 배우는 함수   124

3.3. 분산 및 병렬 처리   138

    3.3.1 분산 및 병렬 처리   138

    3.3.2 분산 및 병렬 처리의 사례   140

    3.3.3 스크래치로 배우는 분산 및 병렬 처리   141

3.4 추상화   156

    3.4.1 추상화와 사용자   156

    3.4.2 계층 구조에서 관계 추상화   158

    3.4.3 소프트웨어의 추상화   160

    3.4.4 스크래치 프로그래밍 언어의 추상화   161

    ■ 연습문제   164

PART 02 소프트웨어 기초 알고리즘

CHAPTER 04 검색하기

4.1 반씩 나누어 검색하기   174

    4.1.1 일상 생활에서 검색하기   175

    4.1.2 컴퓨터처럼 검색하기   175

4.2. 글자 검색하기   185

    ■ 연습문제   189

CHAPTER 05 정렬하기

5.1 최솟(최댓)값 찾아 순서대로 나열하기   192

    5.1.1 순서대로 나열하기   192

    5.1.2 컴퓨터처럼 순서대로 나열하기   193

5.2 두 그룹씩 합치면서 순서대로 나열하기   200

    5.2.1 순서대로 나열하기   201

    ■ 연습문제   208

CHAPTER 06 기타 주요 알고리즘

6.1. 암호   210

    6.1.1 일상 생활에서 보안   210

    6.1.2 시저 암호 알고리즘   212

    6.1.3 컴퓨터처럼 암호 해독하기   217

6.2 동시 사용자 알고리즘   219

    ■ 연습문제   223

PART 03 심화

CHAPTER 07 데이터 구조와 알고리즘

7.1 리스트	227
7.2 배열	227
7.2.1 배열에 데이터 추가하기	231
7.2.2 배열에서 데이터 삭제하기	233
7.3 연결 리스트	234
7.3.1 연결 리스트에 데이터 추가하기	236
7.3.2 연결 리스트에서 데이터 삭제하기	238
7.4 스택과 큐	239
7.4.1 배열로 구현된 스택에 데이터 추가하기	240
7.4.2 배열로 구현된 스택에서 데이터 삭제하기	241
7.4.3 연결 리스트로 구현된 스택에 데이터 추가하기	241
7.4.4 연결 리스트로 구현된 스택에서 데이터 삭제하기	241
7.4.5 배열로 구현된 큐에 데이터 추가하기	243
7.4.6 배열로 구현된 큐에서 데이터 삭제하기	244
7.4.7 연결 리스트로 구현된 큐에 데이터 추가하기	244
7.4.8 연결 리스트로 구현된 큐에서 데이터 삭제하기	245
■ 연습문제	246

CHAPTER 08 소프트웨어 개발과 구조

8.1 소프트웨어 개발	248
8.1.1 소프트웨어의 생명 주기	249
8.1.2 규모가 큰 소프트웨어의 개발	250
8.1.3 소프트웨어 개발 과정	252
8.1.4 사용자 요구 분석	256
8.1.5 설계 및 구현	257
8.2 소프트웨어 구조	259
8.2.1 소프트웨어의 종류와 구조	259
■ 연습문제	263

PART 04 부록

1. 스크래치   266

1. 스크래치 설치하기   266

  1) 온라인에서 프로그램 사용하기   266

  2) 오프라인 프로그램 설치하기   267

  3) 스크래치 실행하기   276

2. 스크래치 화면 구성   276

  1) 메뉴 및 툴바   277

  2) 무대   278

  3) 무대 설정/스프라이트   279

  4) 블록 팔레트   279

  5) 스크립트 코딩 창   280

  6) 스크래치 무대 영역에 대한 좌표   280

3. 스크래치 블록 모음   281

2. 용어집   290

  ■ 참고문헌   292

  ■ 찾아보기   293

Part

1

스크래치로 배우는 컴퓨팅 사고

소프트웨어 비전공 대학생과 초중등 소프트웨어 담당 교사 및 강사를 위해 컴퓨팅 사고를 일상적인 개념과 용어로 쉽게 정의한다. 컴퓨팅 사고(computational thinking)에는 문제 나누기, 순차적으로 처리하기, 조건 처리와 반복하기, 함수, 분산 및 병렬 처리, 추상화 등이 있다. 이러한 컴퓨팅 사고의 개념들을 교육용 프로그래밍 언어 중 하나인 스크래치(Scratch)를 통해 배운다.

Chapter 01 컴퓨팅 사고
Chapter 02 스크래치로 배우는 컴퓨팅 사고(1)
Chapter 03 스크래치로 배우는 컴퓨팅 사고(2)

01 컴퓨팅 사고

학습 목표

• 일상 생활에서 사용되는 논리적 사고를 이해할 수 있다.

• 블록 코딩으로 컴퓨팅적 사고를 이해할 수 있다.

컴퓨팅 사고(computational thinking)에는 문제 나누기(분해, decomposition), 조건 처리, 되풀이(반복, iteration)하기, 순차적 처리, 데이터 처리(data processing), 하청 주기(함수 호출, function call), 디테일 숨기기(추상화, abstraction), 업무 분담 및 동시 처리(분산 및 병렬처리, distributed and parallel processing) 등이 있다.

이 장에서는 소프트웨어 비전공자를 위해 컴퓨팅 사고를 일상적인 개념과 용어로 쉽고 실용적으로 정의하고 컴퓨팅 사고를 교육용 프로그래밍 언어인 스크래치(Scratch)로 간단히 코딩하며 배운다.

1.1 컴퓨팅 사고

문제란 해결해야 하는 일이나 과제를 말한다. 우리는 매일 다양한 문제를 실생활에서 만난다. 이용호의 서울~부산 출장 문제로 컴퓨팅 사고를 생각해 보자. 이용호가 해결해야 할 문제는 서울에서 부산까지 갔다 당일 돌아오는 것이다. 이 문제를 해결하기 위해 이용호는 교통수단을 이용해야 한다.

가능한 교통수단은 다음과 같다([그림 1-1]참조).

• 비행기, 기차, 자가용

• 택시, 버스, 지하철

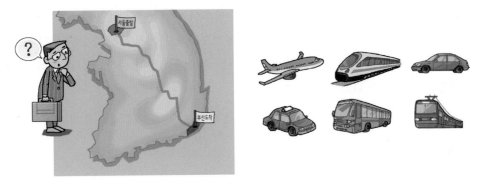

그림 1-1 이용호의 서울~부산 출장 문제

어떤 교통수단을 사용할지 결정하기 위해 아래와 같은 사항을 고려할 것이다.

- 언제 출발해서 언제 돌아올까?
- 갈 때와 올 때 어떤 교통수단을 이용할까?
- 비용은 얼마나 들까?

교통수단은 시간과 비용에 따라 달라질 수 있다. 시간이 맞지 않으면 경비가 더 드는 교통수단을 선택해야 될 것이다.

집이 김포공항 근처에 있는 이용호는 시간, 교통수단 그리고 경비를 모두 고려하여 비행기를 이용하기로 한다. 그래서 집에서 김포공항까지는 택시로 이동하고, 김포공항에서 김해공항까지는 비행기를 이용하고, 김해공항에서 목적지까지는 택시로 이동하기로 한다.

부산에서 서울로 돌아올 때는 출장에 대한 보고를 하기 위해 회사로 가야 해서 출발지에서 부산역까지는 택시를 타고, 부산역에서 서울역까지는 KTX를 이용하고, 서울역에서 회사까지는 지하철로 이동하기로 한다.

아래는 이용호의 출장 일정이다.

- 집에서 김포공항으로 이동: 택시
- 김포공항에서 김해공항으로 이동: 비행기
- 김해공항에서 목적지까지 이동: 택시
- 목적지에서 부산역으로 이동: 택시
- 부산역에서 서울역으로 이동: KTX
- 서울역에서 회사까지 이동: 지하철

앞의 출장 일정은 다양한 교통수단을 조건에 맞추어 나열한 것으로 이용호가 결정한 문제 해결 방법이다. 만약 이용호가 동일한 목적으로 서울에서 부산까지 당일 다녀오는 일을 한 달에 두 번 해야 된다면, 다음부터는 처음에 결정한 출장 일정을 반복하여 이용만 하면 될 것이다.

앞에서 본 이용호의 서울에서 부산까지 당일로 다녀 오는 출장에 대한 문제 해결을 정리하면 아래와 같다.

- 교통수단 목록 정리
- 교통수단 선택을 위한 조건 목록 정리: 시간, 비용
- 조건에 맞추어 교통수단 선택
- 선택된 교통수단 및 시간표를 순차적으로 나열 (이것은 문제를 작은 문제로 나눈 것이기도 하다)
- 동일한 일정은 반복해서 사용

컴퓨팅 사고는 해결할 문제가 컴퓨터 프로그래밍을 요구할 경우, 프로그래밍 언어가 제공하는 기능들로 처리하는 논리적인 사고이다. 이 과정에서 해결할 문제를 작게 나누고, 프로그래밍 언어가 제공하는 기능들을 조건에 맞추어 선택하고, 선택된 기능들을 순서대로 나열하고, 동일한 기능이 반복되는 경우에는 이미 정해진 기능들을 반복하여 사용할 수 있다.

정리하면 컴퓨팅 사고에는 아래와 같은 요소들이 포함된다.

- 문제를 작게 나누기
- 조건 처리하기
- (순서대로) 기능 엮기
- 반복하기

이용호가 서울서 부산으로 출장 다녀 오기를 컴퓨팅 사고로 보면 다음과 같다.

- 문제를 작게 나누기: 이동 구간별 교통수단 선택
- 조건 처리하기: 교통수단 선택에 시간, 경비 조건 적용
- (순서대로) 기능 엮기: 선택된 이동 구간별 교통수단 및 시간표 순차적으로 나열
- 반복하기: 향후 동일한 출장을 갈 경우 동일한 일정 사용

그 밖에 컴퓨팅 사고에는 함수, 분산 및 병렬 처리, 추상화 등이 있다. 이것들은 2~3장에서 배운다.

1.2 프로그래밍을 통한 문제 해결

위에서 설명했듯이, 컴퓨팅 사고는 해결해야 할 문제가 프로그래밍을 요구할 경우 프로그래밍 언어의 기능들을 사용하여 해결하는 논리적인 사고이다. 따라서 컴퓨팅 사고를 설명하기 위해서는 프로그래밍 언어를 사용해야 한다.

세상의 거의 모든 소프트웨어는 C, Java, 파이썬(Python) 등 텍스트 기반의 프로그래밍 언어로 만들어졌다. 그러나 이러한 프로그래밍 언어는 소프트웨어 비전공자들이 사용하기에는 너무 어렵다. 다행히 배우거나 이해하기 쉬운 교육용 프로그래밍 언어인 엔트리(Entry), 스크래치, 앱 인벤터(App Inventor) 등이 있다.

1~3장에서는 컴퓨팅 사고를 스크래치 프로그래밍 언어로 코딩을 하며 배울 것이다. 스크래치 웹사이트는 https://scratch.mit.edu이다([그림 1-2 참조]).

그림 1-2 스크래치 웹사이트

길 찾아 가기 문제를 스크래치로 코딩하면서 해결해 보자. 김햇님은 친구인 한장미 집으로 찾아 가는 중이다. 한장미가 미리 알려준 대로 앞에 있는 횡단보도를 건너고 가로등 오른쪽에 있는 횡단보도를 다시 건너가야 한다.

길 찾아 가기의 동작은 [그림 1-3]과 같이 김햇님이 앞에 있는 횡단보도를 건넌 후 [그림 1-4]와 같이 다시 가로등 오른쪽에 있는 횡단보도를 건너간다. 이 과정을 스크래치로 해결해보자.

그림 1-3 앞쪽 횡단보도 건너기

그림 1-4 오른쪽 횡단보도 건너기

문제 해결은 다음 과정으로 이루어진다.

1) 문제를 나누어 문제해결 요소들을 정하고
2) 각 문제해결 요소에 해당하는 스크래치 기본 기능을 정하고
3) 각 스크래치 기본 기능을 구현할 스크래치 블록을 정하고
4) 스크래치 블록들을 쌓는다.

1.2.1 기본 기능

길 찾아 가기에 필요한 기본 기능과 그 기능과 관련된 스크래치 블록을 배워보자. 예를 들어, '김햇님이 앞으로 걸어 간다'를 스크래치로 구현하기 위해서는 김햇님이 있어야 되고, 앞으로 보기, 걸어 가기 등의 기능이 필요하다. 이 기능들이 문제 해결 요소들이다. 이 기능들은 '만든다', '본다', '걸어간다' 등의 기본 기능들을 활용한 것이다.

문제 해결 요소에 대한 기본 기능과 그에 해당되는 스크래치 블록을 정리하면 〈표 1-1〉과 같다.

표 1-1 기본 기능에 관련된 스크래치 블록

문제 해결 요소	기본 기능	스크래치 블록
김햇님을 만든다	만든다	
시계 방향으로 40도 돈다	돈다	↻ 40 도 돌기
앞쪽 방향을 본다	본다	90 ▾ 도 방향 보기
앞으로 움직인다	움직인다	10 만큼 움직이기
1초 동안 위로 움직이기	~초 동안 움직인다	1 초 동안 x: 3 y: 17 으로 움직이기
걷는 모양으로 바꾼다	바꾼다	다음 모양으로 바꾸기
'가로등에 닿았는가?' 확인하기	~에 닿았나?	가로등 ▾ 에 닿았는가?
만약 가로등에 닿았으면	~이라면	만약 ◇ (이)라면
40번 반복하기	반복한다	40 번 반복하기

〈표 1-1〉에서 문제 해결 요소인 '걷는 모양으로 바꾼다'는 [다음 모양으로 바꾸기] 블록을 이용한다. 이 블록은 현재 모양에서 다음 모양으로 바꾸어 보여준다.

김햇님의 걷는 모양은 4가지로 모양 1, 3은 걷는 모양이고 모양 2, 4는 걷지 않는 모양이다. 현재 모양 2에서 [다음 모양으로 바꾸기] 블록을 사용하면 모양 3으로 바뀌고 모양4에서 사용하면 모양 1로 바뀐다. 모양 1에서 4까지 연속으로 보여주면 자연스럽게 걷게 된다. 김햇님의 모양 바꾸기는 [그림 1-5]와 같다.

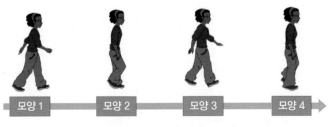

모양 1   모양 2   모양 3   모양 4

그림 1-5 김햇님의 모양 바꾸기

1.2.2 스크래치 블록으로 기능 엮기

스크래치 블록에는 숫자나 문자를 입력해야만 사용이 가능한 블록들이 있고 옵션 (option)목록 중 하나를 선택해야만 사용이 가능한 블록이 있다. [~만큼 움직이기] 블록은 ~ 부분에 한 개의 숫자를 입력해야 하고, [~초 동안 x, y로 움직이기] 블록은 ~, x, y에 세 개의 숫자를 입력해야 한다. [~에 닿았는가?] 블록은 스프라이트 목록에서 하나를 선택해야 한다.

예를 들어 설명하면 다음과 같다.

- 김햇님을 움직이고자 한다. 얼마만큼 움직일 것인지 숫자를 입력해야 한다.

> **10 만큼 움직이기**

10을 입력하면 스프라이트가 바라본 방향으로 10만큼 움직일 수 있다.

- 김햇님을 1초 동안 (3, 17) 좌표로 움직이고자 한다. 몇 초 동안 움직일 좌표 (x, y) 값을 숫자로 입력해야 한다.

> **1 초 동안 x: 3 y: 17 으로 움직이기**

1초와 x, y 값으로 3, 17을 입력하면 1초 동안 (3, 17)좌표로 움직일 수 있다.

- 어떤 스프라이트에 닿았는지 스프라이트 목록에서 하나를 선택해야 한다.

> **가로등 ▼ 에 닿았는가?**

스프라이트 목록에서 가로등을 선택하면 가로등에 닿았는지 확인할 수 있다.

김햇님은 두 개의 횡단보도를 건너기 위해 걷는 동작을 반복한다. 반복되는 걷는 동작을 하나의 기능으로 엮어서 사용하면 편리하다. 걷는 동작의 반복 기능을 하나로 엮어서 사용하면 어떤 점이 좋은지 알아보자.

'한 걸음 걷기'에 대한 기능 엮기를 해보자. '한 걸음 걷기' 기능은 3개의 스크래치 블록으로 엮어진다.

1) '기다린다'는 [0.3초 기다리기] 블록

2) '앞으로 한 걸음 움직인다'는 [10만큼 움직이기] 블록

3) '걷는 모양으로 바꾼다'는 [다음 모양으로 바꾸기] 블록

3개의 블록으로 엮어지는 '한 걸음 걷기'에 대한 기능 엮기는 [그림 1-6]과 같다.

그림 1-6 한 걸음 걷기에 대한 기능 엮기

1.2.3 순차적으로 처리하기

블록을 어떤 순서로 엮으면 좋을까? 순서가 바뀌면 원치 않는 동작을 하기도 한다. 엮은 기능들을 잘 이해하고 순차적으로 처리하기를 해보자.

길 찾아 가기는 횡단보도를 두 번 건너는 예제로, 앞쪽 횡단보도를 건넌 후 오른쪽 횡단보도를 건너면 된다. 순서는 다음과 같다.

1) 첫 번째 횡단보도를 향해 시계 방향으로 40도 돈다.

2) '한 걸음 걷기' 기능을 21번 반복하여 첫 번째 횡단보도를 건넌다.

3) 두 번째 횡단보도를 향해 90도 방향 보기를 한다.

4) '한 걸음 걷기' 기능을 21번 반복하여 두 번째 횡단보도를 건넌다.

순차적으로 처리하는 과정은 [그림 1-7]과 같다.

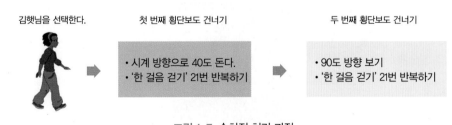

그림 1-7 순차적 처리 과정

1.2.4 반복하기

순차적 처리 과정으로 블록을 쌓으면 한 걸음 과정을 40번 이상 반복한다. 이렇게 반복되는 블록을 줄일 수 없을까? 이런 경우 반복하기 블록을 사용하면 된다. 열 번, 백번, 천 번 등 원하는 횟수만큼 반복할 수 있고 무한 반복할 수도 있다.

횡단보도 건너기에서 반복되는 일을 생각해보자. 앞쪽과 오른쪽의 두 개의 횡단보도는 각각 21번씩 '한 걸음 걷기' 기능을 사용해야 하므로 [~번 반복하기] 블록을 이용하여 정해진 횟수인 21번을 반복하면 된다. 첫 번째 횡단보도 건너기는 [그림 1-8]과 같다.

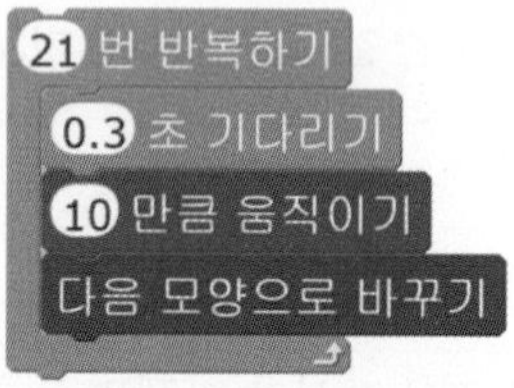

그림 1-8 첫 번째 횡단보도 건너기

길 찾아 가기에서 두 번째 횡단보도 건너기를 만들어보자. 첫 번째 횡단보도를 건넌 후 우회전하여 두 번째 횡단보도도 동일한 방법으로 건너면 된다. 두 개의 횡단보도 건너기 전체 블록은 [그림 1-9]와 같다.

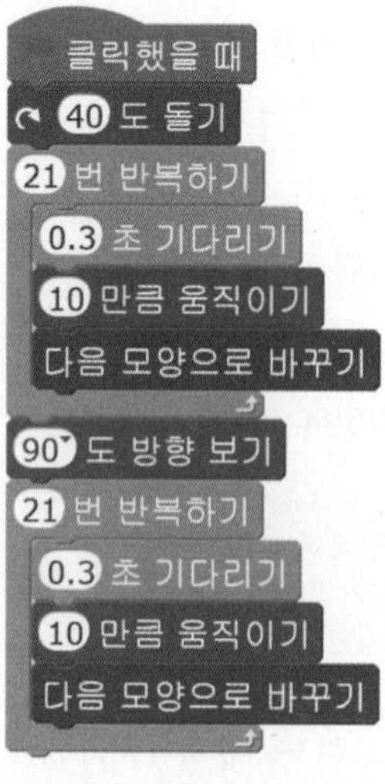

그림 1-9 두 개의 횡단보도 건너기

여기서 동일한 블록을 연속으로 두 번 사용하여 매우 복잡해 보이므로 간단히 만들어 보자. 기존 블록에 새로운 반복 블록을 겹쳐 사용하면 [그림 1-10]과 같이 간단하게 만들 수 있다.

그림 1-10 반복하기를 이용하여 줄이기

완성된 블록을 실행하면 김햇님이 첫 번째 횡단보도를 건넌 후 오른쪽에 있는 두 번째 횡단보도를 건너간다.

1.2.5 조건 처리하기

이제 두 개의 횡단보도를 건널 수 있다. 그런데 걷는 횟수에 상관없이 가로등에 닿으면 오른쪽 방향으로 보게 하거나, 공사로 인해 횡단보도에 돌이 있으면 점프를 하여 건너갈 수 있게 할 수도 있다. 이와 같이 조건을 처리해야 하는 경우가 자주 생기는데 이럴 때 조건을 처리해주는 블록을 이용한다.

조건처리하기는 [그림 1-11]의 첫 번째 그림처럼 돌이 있으면 점프를 하거나 두 번째 그림처럼 가로등에 닿으면 오른쪽 방향을 보게 조건을 이용하여 상황을 처리한다.

그림 1-11 조건 처리하기

스크래치에서 조건 처리하기를 하려면 [만약 ~에 닿았는가] 블록을 이용하여 조건이 맞으면 처리할 블록을 블록 내부에 쌓으면 된다. 첫 번째는 '돌에 닿았는가' 조건으로 돌이 있으면 점프를 하여 피해가려고 한다.

점프하는 방법은 여러 가지가 있지만 [1초 동안 x, y로 움직이기] 블록을 이용하여 위로 올라갔다 내려오는 동작을 표현하고자 한다. 만약 김햇님과 돌 사이의 거리가 30 이내로 가까워지면 김햇님이 돌을 건너 가려고 1초 동안 (3, 17)좌표로 올라갔다 1초 동안 (30, −16) 좌표로 내려오는 블록을 쌓는다. 돌에 대한 조건 처리하기는 [그림 1−12]와 같다.

그림 1−12 돌에 대한 조건 처리하기

두 번째는 '가로등에 닿았는가' 조건으로 걷는 횟수에 상관없이 가로등에 닿으면 90도 방향을 하려고 한다. 스크래치에서 오른쪽보기는 [90도 방향보기] 블록을 사용한다. [만약 ~라면] 블록의 육각형 조건에 [가로등에 닿았는가?] 블록을 끼워 넣고 내부 블록에 [90도 방향 보기] 블록을 쌓는다. 가로등에 대한 조건 처리하기는 [그림 1−13]과 같다.

그림 1−13 가로등에 대한 조건 처리하기

두 가지의 조건처리하기를 이용한 길 찾아 가기의 전체 블록은 [그림 1−14]와 같다.

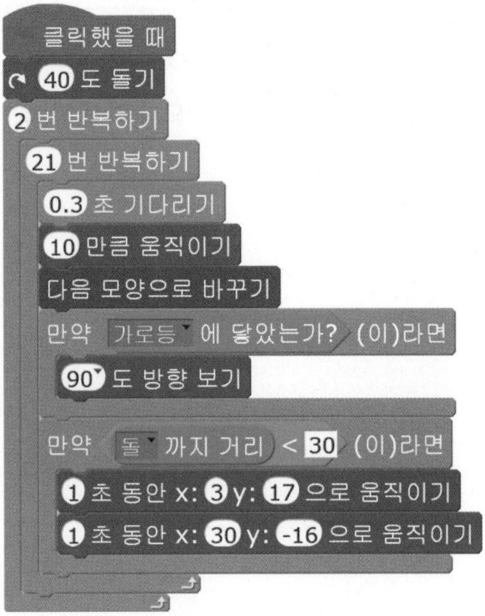

그림 1-14 길 찾아 가기의 전체 블록

그런데 [2번 반복하기] 블록 내부에 [21번 반복하기] 블록이 있다. 결과적으로 42번 반복하지만 불필요하게 복잡하다. 한 개의 [42번 반복하기] 블록으로 간소화하고자 한다. 두 개의 반복문을 하나로 합친 '길 찾아 가기'의 최종 블록은 [그림 1-15]와 같다.

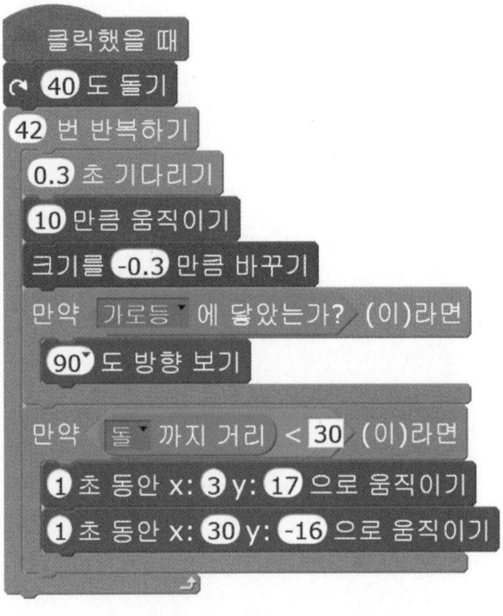

그림 1-15 '길 찾아 가기' 최종 블록

이와 같이 우리는 스크래치 코딩을 통한 순서 정하기, 조건 처리하기와 반복하기를 하면서 원하는 문제를 해결해 나갈 수 있다. 1장에서는 난이도가 낮은 문제로 순차, 반복, 조건을 처리하고 넘어간다. 2~3장에서 난이도가 있는 문제로 자세히 배운다.

1.1 컴퓨팅 사고

[단답형]

1. 컴퓨팅 사고의 요소들을 기술하라.

2. 이용호 출장 가기에서 교통 수단으로 오토바이를 선택하지 않은 이유를 설명하라.

3. 이용호가 동일한 목적으로 서울에서 부산까지 한 달에 4번 출장을 갈 경우 컴퓨팅 사고의 어느 기능을 이용해야 하는가?

4. 이용호가 1박 2일로 출장을 갈 경우 추가할 조건을 기술하라.

[서술형]

1. 이용호 출장 가기에서 비행기를 놓쳤을 경우의 과정을 컴퓨팅 사고로 설명하라.

2. 엘리베이터를 타려고 한다. 순서대로 번호를 나열하라.(예:1-2-3-4-5-6-7)

    1) 원하는 층에 도착했는가?
    2) 엘리베이터를 기다린다.
    3) 원하는 층이면 엘리베이터에서 내린다.
    4) 엘리베이터가 도착하면 탑승한다.
    5) 도착 완료.
    6) 멈추면 층을 확인한다.
    7) 가려는 층을 누른다.

3. 사용자 입장에서 음료 자동판매기를 사용할 때 처리해야 할 조건을 기술하라.

프로그래밍을 통한 문제 해결

[단답형]

1. 텍스트 기반의 프로그래밍 언어가 아닌 것은?

   ① C   ② Java   ③ Entry   ④ Python   ⑤ C++

2. 스크래치 프로그래밍 언어는 (   )을 순서대로 연결하여 쉽게 프로그램을 만들 수 있다.

3. 일상 생활 예제를 하나 제시하고 그 속의 요소들을 찾아서 순차적으로 기술하라.

4. 원판의 침이 1을 가리키고 있다. 원판을 540도 회전을 하려고 한다. [시계 방향으로 15도 돌기]
   블록을 이용하면 몇 번 반복해야 하고 침은 어느 숫자를 가리키고 있을지 기술하라.

[처음 화면]

[서술형]

1. 앵무새가 (−172, 30)에서 반복하기 블록을 더블클릭하여 실행시켰다. 앵무새의 현재 위치 좌표
   는? 예: (10, 20)

[실행 블록]   [결과 화면]

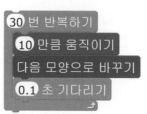   

2. 초록 나비가 모양을 바꿔가며 앞으로 날아가는 블록에 조건 블록을 추가하였다. 추가된 조건 부분의 블록들이 어떤 상황을 표현하는지 설명하라.

[실행 블록]

만약 노랑나비 ▾ 에 닿았는가? (이)라면
만나서 반가워! 을(를) ❷ 초동안 말하기
-90 ̊ 도 방향 보기

[결과 화면]

3. 어항 속에 물고기 🐠 Fish1, 🐟 Fish2, 🐡 Fish3이 있다. 동작 내용과 실행 화면은 다음과 같다. 내용에 맞게 스크래치 블록들을 연결하라.

[동작 내용]

- Fish2는 계속 앞으로 움직이다 벽에 닿으면 튕긴다.
- 만약 Fish1에 닿으면 시계 방향으로 90도 돌고 크기를 0.5만큼 줄인다.
- 만약 닿지 않으면 크기를 0.1만큼 늘린다.

[결과 화면]

① 무한 반복하기

② 30 만큼 움직이기
   0.1 초 기다리기

③ 벽에 닿으면 튕기기
   0.1 초 기다리기
   ↻ 10 도 돌기

④ ↺ 90 도 돌기

⑤ 크기를 0.1 만큼 바꾸기

⑥ 크기를 -0.5 만큼 바꾸기

⑦ 만약 Fish1 ▾ 에 닿았는가? (이)라면
   아니면

1) 아래의 각 상황에 맞게 빈 곳에 스크래치 블록의 번호를 기술하라.

상황	스크래치 기능
무한 반복하기	①
Fish1에 닿았는가?	
벽에 닿으면 튕기고 돈다	
앞으로 움직인다	

2) '만약 Fish1에 닿았다면'에 대해 조건이 맞으면 처리하는 과정을 순서대로 번호를 나열하라. (예: 7-2-3)

02 스크래치로 배우는 컴퓨팅 사고(1)

학습 목표

- 일상 생활에서 논리적 사고를 통해 문제를 나누고 알고리즘으로 만든 후 코딩할 수 있다.
- 순차 처리와 반복 처리 그리고 조건 처리 개념을 이해할 수 있다.
- 변수의 개념과 사용 방법을 이해할 수 있다.

컴퓨팅 사고를 학습하기 위해서는 우선 해결하고자 하는 문제를 작게 나누어 각각의 해결 방법을 구상한다. 해결하는 방법에서 공통된 패턴과 예외적인 상황을 찾아 알고리즘(algorithm)으로 만든다. 알고리즘이란 문제를 해결하는 방법을 이해하기 쉽게 논리적으로 정리한 것을 말한다. 작성한 알고리즘은 코딩 언어를 이용하여 프로그램을 만들어 실행한다.

이 장에서는 1장에서 학습한 컴퓨팅 사고의 개념을 바탕으로 여러 가지 문제를 프로그램으로 만들어 해결해 본다. 컴퓨팅 사고의 여러 가지 방법 중 반복 처리, 조건 처리 그리고 데이터를 저장하는 변수의 사용 방법에 대해 이해하고자 한다.

반복 처리는 순차적으로 처리되는 작업에서 일정한 패턴을 찾아내어 반복 작업을 하는 개념이다. 조건 처리는 제시된 상황이나 조건에 따라 다른 결과를 선택할 수 있고 조건이 만족할 때까지 또는 만족하는 동안 반복하는 개념이다. 반복 처리를 효율적으로 하기 위해서는 데이터 저장소(변수, variable)가 필요하다. 변수는 이름을 지정하여 값을 저장하고 바꾸고, 비교나 계산에 사용한다. 이 장에서는 1장보다 난이도 있는 예제로 학습한다.

2.1 순차와 반복

[그림 2-1]의 왼쪽 그림은 엘리베이터를 타고 1층에서 5층으로 한 번에 이동하는 과정을 나타낸다. 엘리베이터를 타고 한 번에 5층으로 갈 수도 있으나, 내리는 사람이 층마다 있다면 한 층 올라가기를 네 번 반복한 후 5층에 내릴 수 있다. [그림 2-1]의 오른쪽 그림은 엘리베이터를 타고 한층 한층 올라가는 반복 과정을 보여준다.

그림 2-1 순차와 반복

[그림 2-1]은 문제를 작은 요소로 나누어 각 요소를 순차적으로 엮어서 처리하는 것을 보여준다. 오른쪽 그림은 그 중 한 요소, 즉 '한 층 올라가기'를 반복하는 것을 보여준다. 순차 처리와 반복 처리는 이처럼 일상 생활에서도 흔히 사용된다.

2.1.1 스크래치로 배우는 순차와 반복 처리

스크래치를 이용해서 순차와 반복 처리를 이해할 수 있는 두 가지 예제를 다루어보자. 첫 번째는 삼각형, 사각형, 오각형 등 다각형을 그리는 문제이다. 두 번째는 엘리베이터를 타고 원하는 층에서 내리는 문제이다.

예제 1 **다각형 그리기**

다각형 그리기 프로그램 개발 과정을 아래와 같이 문제 나누기, 알고리즘 만들기, 코딩하기 순서로 진행한다.

① 삼각형, 사각형, 오각형을 그리는 행동을 자세히 관찰하여 그 과정을 나열한다.
② 삼각형, 사각형, 오각형을 그리는 행동을 순차적으로 나열한 후 각각 알고리즘으

로 정리한다.

③ 세 알고리즘에서 공통된 패턴을 찾아 다각형 그리기가 모두 가능한 하나의 알고리
즘으로 정리한다.

④ 알고리즘을 스크래치로 코딩하여 다각형을 그린다.

[그림 2-2]와 같이 삼각형, 사각형, 오각형 그리기에 대한 알고리즘을 만들어보자. 팀
을 정하여 팀원이 다각형을 그리는 모습을 관찰하도록 한다. 문제 나누기와 알고리즘
작성시 첨부된 〈워크시트1〉를 사용하자.

그림 2-2 다각형 그리기

(1) 문제 나누기

다각형 그리기 중 첫 번째로 삼각형을 그리는 과정을 상세히 나누어보자. [그림 2-3]
과 같이 포스트잇을 사용해서 표현해보자.

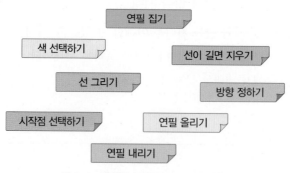

그림 2-3 다각형 그리기 포스트잇 사용 예

(2) 알고리즘 만들기

삼각형 그리기 과정을 표현한 포스트잇을 순서대로 나열해보자. 다양한 문장을 어떤

순서로 처리하는 것이 효과적일지 논의하고 삼각형을 그리는 순서를 정한다.

〈워크시트1〉에 삼각형 그리기 알고리즘을 정리해 보자. [그림 2-4]는 삼각형 그리기 동작들을 포스트잇을 사용하여 순차 처리한 것이다. 이것이 삼각형을 그리는 알고리즘이다.

그림 2-4 포스트잇으로 정리한 삼각형 그리기 알고리즘

삼각형을 그리는 알고리즘에서 불필요한 절차는 생략할 수 있다. 알고리즘에는 필요한 절차만을 남기고 불필요한 정보나 관련 없는 정보는 생략한다. 삼각형을 그리기 위해 중요한 작업은 "방향 정하기"와 "선 그리기"이다. 이 작업을 세 번 반복한다.

이번에는 〈워크시트1〉에 사각형 그리기 알고리즘을 정리해보자.

그림 2-5 포스트잇으로 정리한 사각형 그리기 알고리즘

[그림 2-5]는 사각형을 그리는 알고리즘이다. 사각형을 그리기 위해 중요한 작업은 "방향 정하기"와 "선 그리기"이다. 삼각형 그리기와 비교할 때 사각형 그리기는 이 작업을 한 번 더 반복한다.

〈워크시트1〉에 오각형 그리기 알고리즘을 정리해 보자. 앞서 설명한 삼각형과 사각형 그리기 알고리즘을 살펴보면, 삼각형 그리기는 "방향 정하기"와 "선 그리기" 작업을 세 번 반복한다. 사각형 그리기는 "방향 정하기"와 "선 그리기" 작업을 네 번 반복한다. 그렇다면 오각형 그리기는 어떨까? 오각형 그리기는 "방향 정하기"와 "선 그리기" 작업을 다섯 번 반복할 것이다. [그림 2-6]은 삼각형, 사각형, 오각형 그리기에 대한 알고리즘을 비교한다.

그림 2-6 삼각형, 사각형, 오각형 그리기 알고리즘

우리는 다각형을 그리는 과정에서 "방향 정하기"와 "선 그리기"가 반복 된다는 것을 알 수 있다. 그리고 삼각형, 사각형, 오각형을 그릴 때 선의 개수에 따라 반복되는 횟수가 변경되는 패턴을 발견할 수 있다. 이러한 과정은 다각형 그리기 알고리즘을 찾기 위한 것이다.

이렇게 발견된 패턴으로 세 개의 알고리즘을 하나의 알고리즘으로 통일할 수 있다.

[그림 2-7]은 다각형 그리기를 할 수 있는 알고리즘이다. 다각형 그리기에서 시작점을 정한 후 연필을 내리는 작업은 모든 도형에 동일하게 적용된다.

그림 2-7 다각형 그리기 알고리즘

삼각형을 그릴 때에는 "방향 정하기"와 "선 그리기" 작업을 "3회" 반복하면 된다. 사각형 그리기에는 이 작업을 "4회" 반복하면 되고, 오각형 그리기에는 이 작업을 "5회" 반복하면 된다. 이 알고리즘으로 삼각형, 사각형, 오각형 또는 그 이상의 다각형을 그릴 수 있다.

지금까지 알고리즘을 표현해 보았다. 우리가 사용한 알고리즘 표현 방법 외에 몇 가지 알고리즘 표현 방법을 소개한다. 알고리즘을 표현하는 방법에는 순서도, 유사 코드 등이 있다. 알고리즘을 이러한 방법으로 표현하는 목적은 알고리즘이 맞는지 확인하기 위한 것이다. 이것은 아래에서 다루고, 더 자세한 알고리즘 표현 방법은 4장, 5장 그리고 6장에서 배울 것이다.

[알고리즘 표현 방법]

순서도(flowchart: 절차 다이어그램)는 알고리즘을 그림으로 표현한 것을 말한다. 유사 코드(pseudo code)는 한글, 영어 등 일반적으로 사용하는 언어로 알고리즘을 프로그램 언어와 비슷하게 표현한 것을 말한다. 순서도나 유사 코드는 컴퓨터에서 실행할 수는 없다. 순서도나 유사 코드는 두 가지 목적으로 사용된다. 첫째, 알고리즘이나 소프트웨어 설계가 제대로 되었는지 검수 받기 위한 수단으로 사용된다. 둘째, 알고리즘이나 소프트웨어 설계를 코딩할 때 소통의 기반으로 사용한다. 순서도나 유사 코드를 얼마나 자세히 작성하는가에 대해서는 정해진 규칙은 없다.

[그림 2-8]은 다각형 그리기 알고리즘을 순서도로 표현한 것이다. 시작 후에 시작점을 정하고 연필을 내린다. 그리고 완성되었는가를 판단한다. 완성되었다면 작업을 끝내고, 완성되지 않았으면 "방향 정하기" 그리고 "선 그리기" 작업을 반복한다. [그림 2-9]는 다각형 그리기 알고리즘을 한글 유사 코드로 표현한 것이다. 두 가지로 표현하였지만 핵심 내용은 동일하다.

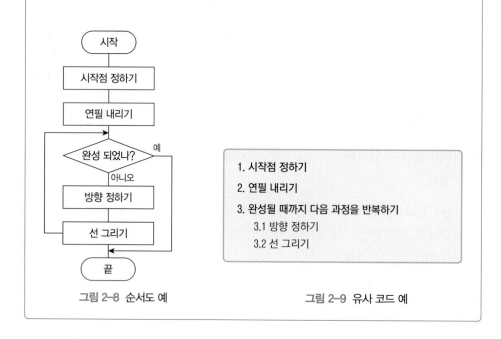

그림 2-8 순서도 예   그림 2-9 유사 코드 예

다각형 그리기의 중요한 요소가 한가지 남아있다. 바로 "방향을 정하는 일"이다. 맨 처음 지점에서 오른쪽으로 그린다고 가정하고, 선의 길이는 100픽셀(pixel)로 가정한다. 360도를 3으로 나누어 120도씩 회전하면서 선을 그리면 삼각형을 완성할 수 있다. [그림 2-10]은 삼각형 그리기의 방향 정하기를 보여준다.

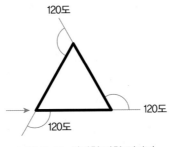

그림 2-10 삼각형 방향 정하기

사각형의 경우에도, 오른쪽 방향으로 그린다고 가정하고, 선의 길이는 100픽셀로 가정한다. [그림 2-11]과 같이 360도를 4로 나누어 90도씩 회전하면 사각형을 완성할 수 있다. 360도를 5로 나누어 72도씩 회전하면 오각형을 완성할 수 있다.

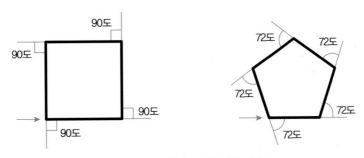

그림 2-11 사각형과 오각형 방향 정하기

다각형을 그리는 작업을 정리해보자. 삼각형은 360/3, 사각형은 360/4, 오각형은 360/5 로 회전 방향을 정할 수 있다. 이것을 정리하면 (360/대답)이다. 이 값으로 방향을 정하기로 한다. "대답"이 들어가는 자리에 3, 4, 5가 들어갈 수 있도록 [그림 2-12]와 같이 완성할 수 있다.

그림 2-12 삼각형, 사각형, 오각형 방향 정하기와 패턴 정리하기

삼각형, 사각형, 오각형의 그리기 중 다각형의 선택은 사용자가 직접 입력하여 사용자가 원하는 다각형을 그릴 수 있다.

(3) 코딩하기

알고리즘을 스크래치로 코딩해보자. 완성된 결과 화면을 보고 사용하는 블록들로 스크래치 스크립트를 만들어보자.

[완성된 결과 화면]

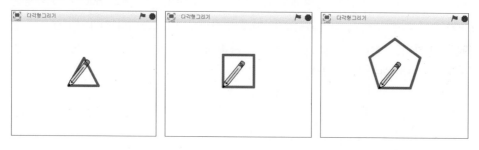

[사용하는 기능]

사용 도구		기능 설명
스프라이트 추가	◆	사용할 스프라이트 추가하기
모양 중심 설정	＋	스프라이트 모양 중심 설정하기

[사용하는 블록]

	사용 블록	기능 설명
제어	10 번 반복하기	내부에 포함된 블록들을 설정한 횟수만큼 반복 실행하기
펜	펜 내리기	스프라이트의 펜을 내려 이동 경로가 나타나게 하기
	지우기	무대의 모든 펜 자국 지우기
동작	x: -50 y: 80 로 이동하기	스프라이트를 (x, y)의 위치로 이동하기
	90 도 방향 보기	스프라이트가 설정된 방향 보게 하기(0: 위쪽, 90: 오른쪽, 180: 아래쪽, -90: 왼쪽)
	10 만큼 움직이기	스프라이트를 설정된 값만큼 움직이기
	15 도 돌기	스프라이트를 시계 방향으로 설정된 각도만큼 회전시키기
연산	/	두 수의 몫 구하기
관찰	What's your name? 묻고 기다리기	묻고 사용자가 답할 때까지 기다리기. 말풍선에 질문을 보여주고 사용자가 질문에 대한 답을 입력할 때까지 기다리기
	대답	사용자가 답한 내용을 대답 블록에 저장하기

[새로운 스프라이트와 배경 변경하기]

① 현재 무대에 보이는 스프라이트 숨기기

 스프라이트의 좌측 상단에 ⓘ [정보] 버튼을 클릭하여 Cat1 스프라이트의 정보를 확장한다.

확장된 창의 아래쪽 보이기 항목에 체크가 되어 있다. 보이기 항목의 체크를 해제하면 무대에 현재 스프라이트는 보이지 않는다. 확장한 창의 좌측 상단의 ◀ [축소] 버튼을 클릭하여 스프라이트 정보를 축소한다.

② 새로운 스프라이트 추가하기

　[저장소에서 스프라이트 선택] 도구를 클릭한 후 저장소 목록 중 [물건] 영역을 선택하고 오른쪽 스프라이트 중 Pencil을 선택하고 [확인]을 클릭한다.

③ 기본적으로 모든 스프라이트의 모양 중심은 가운데이다. 이 상태에서 그리기를 시도한다면 오른쪽 그림처럼 선이 그려진다.

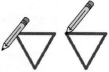

스프라이트의 중심을 변경하는 도구가 ➕ [모양 중심 설정하기] 도구이다. [모양] 탭을 클릭하고, [모양 중심 설정하기] 도구 선택 후 연필 끝 부분을 클릭하면 스프라이트의 중심이 연필 끝으로 변경된다.

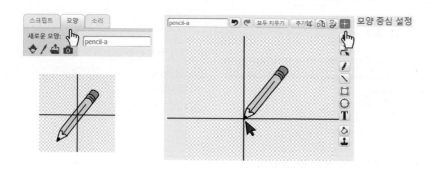

[스크립트 작성하기]

① [이벤트] 영역에서 [클릭했을 때] 블록을 스크립트 창에 넣고, 이전 작업을 지우기 위해 [지우기] 블록을 추가한다.

② 첫 지점으로 이동하기. [동작] 영역에서 [~로 이동하기] 블록을 사용하여 첫 위치로 Pencil을 이동한다. 첫 위치를 (−50, −20)으로 한다. [펜] 영역에서 [펜 내리기] 블록을 추가하여 Pencil이 이동할 때 선이 그려지도록 한다.

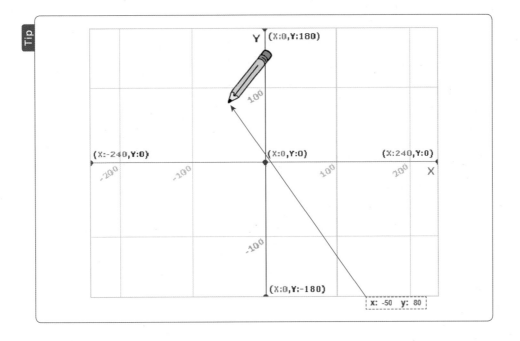

③ [~로 이동하기] 블록은 (x축, y축) 값을 변경하면서 스프라이트의 움직임을 제어할 수 있다. 무대의 중심이 (0, 0)이며, 무대 우측 하단에서 스프라이트의 위치를 확인할 수 있다.(X축의 범위는 −240 ~ 240이고, Y의 범위는 −180 ~ 180이다.)

④ [동작] 영역에서 [~도 방향보기] 블록은 선을 그리기 위한 방향을 선택한다. 방향은 오른쪽 그림과 같이 네 가지 방향 중에서 선택할 수 있다. 90도 방향보기를 선택한다.

⑤ 사용자의 대답을 듣기 위해 [관찰] 영역에서 [묻고 기다리기] 블록을 사용한다. 이 때, 사용자가 입력하는 답은 (대답) 에 저장하여 사용한다.

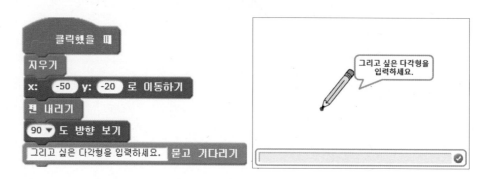

⑥ [제어] 영역에서 [~번 반복하기] 블록을 추가하고 사용자에게 받은 대답을 횟수로 사용한다.

⑦ 반복할 작업은 "선 그리기"와 "방향 정하기"이다.

"선 그리기"는 [동작] 영역의 [~만큼 움직이기] 블록을 사용하고, 값으로 "100"을 입력한다.

"방향 정하기"은 [동작] 영역의 [~도 돌기] 블록을 사용하고, 값은 [연산] 영역의 [나누기] 블록을 사용하여 "360/대답"으로 완성하여 사용한다.

⑧ 추가적으로, [펜] 영역에서 펜의 굵기를 지정하는 블록이나 [펜 굵기를 ⑦ (으)로 정하기], 펜의 색깔을 바꾸는 블록 [펜 색깔을 40 만큼 바꾸기]을 추가하여 코딩하면 더 재미있는 그리기를 할 수 있다.

[완성된 스크립트]

예제 2 엘리베이터 타기

일상생활에서 자주 이용하는 엘리베이터에도 알고리즘이 존재한다. 엘리베이터를 이용할 때 발생할 수 있는 다양한 상황에 대해서 문제 나누기를 해보고, 문제 해결 요소들을 알고리즘으로 정리한 후 코딩해보자.

만약 1층에서 타고 2층에서 내린다면, 한 층의 높이만큼 불빛을 깜빡 거리면서 위로 이동한다. 3층까지 이동하는 경우, 한 층 이동하기를 이용해서 한 층을 올라간 후 한 번 더 한 층의 높이만큼 위로 이동한다. 사용자가 원하는 층을 누르면 해당 층까지 한 층의 높이만큼 반복해서 올라가는 알고리즘을 만들어보자. 엘리베이터 타기 프로그램 개발 과정을 문제 나누기, 알고리즘 만들기, 코딩하기 순서로 진행한다.

(1) 문제 나누기

사람이 1층에서 엘리베이터를 타서 원하는 층으로 이동한다고 가정하고, 엘리베이터를 탈 때부터 내릴 때까지 엘리베이터의 작동 과정을 자세히 나누어보자. 누르는 층을 "몇" 층으로 가정한다. [그림 2-13]과 같이 포스트잇을 사용하여 팀원과 함께 문제를 나누어보자.

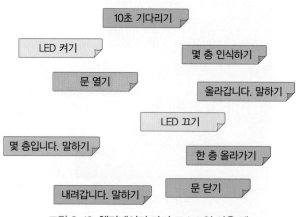

그림 2-13 엘리베이터 타기 포스트잇 사용 예

(2) 알고리즘 만들기

엘리베이터 타기 과정을 표현한 포스트잇을 순서대로 나열해보자. 엘리베이터를 타고 2층에 갈 때, 3층에 갈 때, 4층에 갈 때의 과정을 차례대로 나열하고 반복되는 패턴을 찾아보자.

<2층 가기>

| 1층으로 이동하기 |
| 문 열기 |
| 문 닫기 |
| 대답 인식하기 |
| 한 층 올라가기 |
| 불빛 깜빡이기 |
| 문 열기 |
| 2층입니다. 말하기 |

<3층 가기>

| 1층으로 이동하기 |
| 문 열기 |
| 문 닫기 |
| 대답 인식하기 |
| 한 층 올라가기 |
| 불빛 깜빡이기 |
| 한 층 올라가기 |
| 불빛 깜빡이기 |
| 문 열기 |
| 3층입니다. 말하기 |

<4층 가기>

| 1층으로 이동하기 |
| 문 열기 |
| 문 닫기 |
| 대답 인식하기 |
| 한 층 올라가기 |
| 불빛 깜빡이기 |
| 한 층 올라가기 |
| 불빛 깜빡이기 |
| 한 층 올라가기 |
| 불빛 깜빡이기 |
| 문 열기 |
| 4층입니다. 말하기 |

그림 2-14 엘리베이터 2층, 3층, 4층 올라가기 순차 알고리즘

[그림 2-14]와 같이 2층으로 가는 경우, 1층에서 엘리베이터 문이 열리고 사람이 탄 후 문이 닫힌다. 그리고 엘리베이터에 탄 사람이 2층을 누르면 한 층 간격만큼 올라가면서 불빛이 계속 깜빡인다. 엘리베이터가 2층에 도착하면 문이 열리고 "2층입니다"라고 말한다.

3층으로 가는 경우, 1층에서 엘리베이터 문이 열리고 사람이 탄 후 문이 닫힌다. 그리고 엘리베이터에 탄 사람이 3층을 누르면 한 층 간격만큼 올라가면서 불빛이 계속 깜빡인다. 그리고 한 층 간격만큼 올라가기 작업을 반복한다. 엘리베이터가 3층에 도착하면 문이 열리고 "3층입니다"라고 말한다.

4층에 가고자 할 경우에는 엘리베이터가 한 층 간격만큼 올라가는 과정을 세 번 반복한다. 이 과정을 층 별 알고리즘으로 표현해보자.

그림 2-15 엘리베이터 층별 반복 횟수 알기

[그림 2-15]에서 "대답" 자리에 "2"가 입력되면, 2층으로 가는 것이므로 (2-1=1)로 한 층만 올라가면 된다. "3"이 입력되는 경우 (3-1=2)로 두 층을 올라가게 된다. 입력된 층에서 1을 빼야 원하는 층으로 간다. [그림 2-16]은 엘리베이터 타기 반복 처리 알고리즘이다.

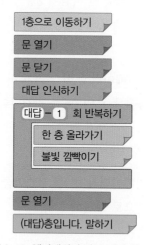

그림 2-16 엘리베이터 반복 처리 알고리즘

(3) 코딩하기

알고리즘을 스크래치로 코딩해보자. 완성된 결과 화면을 보고 사용하는 블록들로 스크래치 스크립트를 만들어보자.

[완성된 결과 화면]

[사용하는 기능]

사용 도구		기능 설명
새로운 배경 삽입	👍	새로운 배경 파일 업로드하기
소리 파일 삽입	🔊	소리 파일 업로드하기
축소	✖	스프라이트 축소하기

[사용하는 블록]

	사용 블록	기능 설명
형태	모양을 elevator1 ▼ (으)로 바꾸기	스프라이트를 설정한 그림으로 변경하기
동작	y좌표를 10 만큼 바꾸기	스프라이트의 y좌표를 설정한 값만큼 변경하기
이벤트	메시지1 ▼ 방송하기 메시지1 ▼ 을(를) 받았을 때	모든 스프라이트에 메시지를 보내고 다음 동작을 즉시 실행하기 설정한 메시지를 받으면 아래에 연결된 블록들을 실행하기
연산	◯ - ◯	두 수의 차이 구하기
	hello 와 world 결합하기	입력한 두 개의 문자열 결합하기

[새로운 배경과 스프라이트 추가하기]

① 새로운 배경을 추가하는 방법으로 스크래치에 저장된 배경을 선택하는 방법과 파일로 저장된 배경을 업로드하는 방법이 있다. 이번 예제는 👍 [배경 파일 업로드하

기]를 클릭하여 첨부된 파일을 업로드한다. "elevator_background.png".

② Cat1 스프라이트는 삭제하고 새로운 스프라이트를 추가
한다. 스프라이트 도구 중 ◈ [저장소에서 스프라이트 선
택] 도구를 클릭하여 "Avery Walking", "Abby" 그리고
"Ball" 등 3개의 스프라이트를 추가한다.

③ 상단 중앙의 도구 ⬇ ✥ ✖ ✖ 중 ✖ [축소] 도구를 사용하여 세 개의 스프라이트를
작게 만든다.

④ 스프라이트 도구 중 🖿 [스프라이트 파일 업로드하기]를 클릭하여 "elevator1.png"
파일을 불러온다. 그리고 [모양] 탭을 클릭하고 🖿 [모양 파일 업로드하기]를 클릭
하여 "elevator2.png" 모양을 하나 더 추가한다. 이 모양은 엘리베이터 닫힌문과
열린문이다.

⑤ 엘리베이터 크기도  [축소] 도구를 사용하여 스프라이트를 작게 만들고 1층 적당한 위치로 이동한다.

[스크립트 작성하기]

▶ elevator1 스프라이트

① 스프라이트 창에서 "elevator1" 스프라이트를 선택하고, [이벤트] 영역에서 [클릭했을 때] 블록을 스크립트 창에 둔다.

② [동작] 영역에서 [~로 이동하기] 블록을 사용하여 엘리베이터 첫 지점으로 이동한다. (11, -144)로 이동하면 적당하다.

③ 엘리베이터의 문이 열렸다 닫히는 모양을 나타내기 위해 [형태] 영역에서 [모양을 ~로 바꾸기] 블록을 이용하여 문을 열었다가 1초 후 닫아준다. 그리고, [관찰] 영역에서 [~묻고 기다리기] 블록을 이용하여 "몇 층으로 갈까요?"를 묻고 기다린다.

④ [제어] 영역에서 [~번 반복하기] 블록을 넣고, 사용자가 "2"를 "대답"으로 입력했다면 한 층을 올라가야 하므로 (대답−1)로 층 수를 계산한다.

계산은 [연산] 영역에서 [빼기] 블록과 [곱하기] 블록을 사용한다. 이때, 1층에서 2층에 올라가는 거리가 약 60픽셀이다. 한 번에 60만큼 올라가면 자연스럽지 않다. 서서히 올라가도록 하기 위해 y좌표를 10만큼 6번 올라가도록 블록을 수정한다.

⑤ 엘리베이터가 올라가는 동안 불이 깜박거리게 하기 위해 [이벤트] 영역에서 [메시지 방송하기] 블록을 스크립트 창의 [~번 반복하기] 블록 안에 추가한다. 이 블록은 [메시지를 받았을 때] 블록과 짝을 이루어 사용하는 블록이다.

현재 스프라이트에서 다른 스프라이트의 실행을 호출할 때 [메시지 방송하기]와 [메시지를 받았을 때] 블록을 함께 사용한다.

⑥ [제어] 영역에서 [~초 기다리기] 블록을 추가하고, 깜박이는 시간을 "0.5"초로 변경한다.

⑦ 엘리베이터가 "대답" 층에 도착한 후 열리는 모양으로 변경하기 위해 [형태] 영역의 [모양을 ~로 바꾸기] 블록을 사용하여 모양을 "elevator2"로 바꾼다.

⑧ 도착을 알리기 위해 [형태] 영역에서 [~를 2초 동안 말하기] 블록과 [연산] 영역에서 [결합하기] 블록을 사용하여 [대답] 블록과 "층입니다."를 결합하여 말하도록 한다.

▶ Ball 스프라이트

① 엘리베이터가 올라가는 동안 불이 깜박거리게 하기 위해 "Ball" 스프라이트를 사용한다. 먼저 "Ball" 스프라이트 선택 후 [모양] 탭을 선택하여 "ball-a"와 "ball-c"만 남겨두고 다른 모양은 삭제한다.

② [스크립트] 탭을 클릭하고 [이벤트] 영역에서 [메시지를 받았을 때] 블록을 넣고, [형태] 영역에서 [다음 모양으로 바꾸기] 블록을 추가한다.

[완성된 스크립트]

▶ elevator1 스프라이트

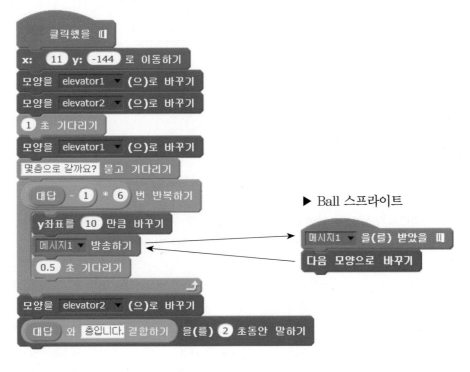

▶ Ball 스프라이트

2.2 조건 처리

조건 처리란 문제 해결 과정에서 조건에 따라 처리하는 것을 말한다. [그림 2-17]의 왼쪽 순서도와 같이 해결해야 할 문제가 있을 때 제시한 조건을 만족하는 상태에서 한 번만 실행할 수도 있고, [그림 2-17]의 가운데 순서도와 같이 조건이 만족하지 않으면 조건을 만족할 때까지 반복해서 실행해야 하는 경우도 있다. 그리고 [그림 2-17]의 오른쪽 순서도와 같이 여러 가지 대안 중 조건에 따라 하나를 선택하여 실행할 수도 있다.

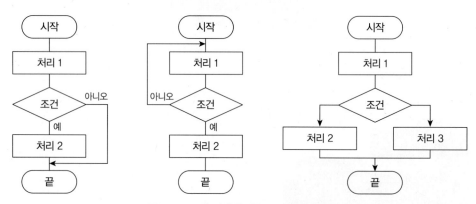

그림 2-17 조건 처리의 예를 보여주는 순서도

2.2.1 스크래치로 배우는 조건 처리

스크래치로 조건 처리를 배우기 위해 두 가지 예제를 다루어보자. 첫 번째는 현관문의 도어락 비밀번호가 맞아야 문을 열 수 있는 문제이다. 두 번째는 스크래치의 [관찰] 영역에 있는 블록을 사용하여 스프라이트의 실행에 대한 값을 감지하여 실행 여부를 판단하는 문제이다.

예제 1 **현관문 열기**

우리가 항상 사용하는 도어락에는 조건 처리와 반복 처리 기능이 있다. 도어락에 저장된 비밀번호와 내가 입력한 비밀번호가 같다면 문을 열어주고, 비밀번호가 서로 다르다면 다시 비밀번호를 입력할 기회를 준다. 여기서 "저장된 비밀번호와 입력되는 비밀번호가 같다면"이 조건이다. 비밀번호가 다르면 비밀번호를 입력할 기회를 지정한 횟수만큼 제공하는데 이것이 반복이다. 사람이 하는 행동을 순서대로 나열하고 이 안에서 일정한 패턴을 찾아 정리하고 불필요한 행동은 생략한다. 현관문 열기 프로그램 개발 과정을 문제 나누기, 알고리즘 만들기, 코딩하기 순서로 진행한다.

(1) 문제 나누기

현관문 앞에 서서 문을 여는 나의 행동과 도어락의 반응을 살펴보자. 그리고 필요하다면 처음 도어락을 구입했을 때의 일도 떠올려보자. 도어락 중심으로 생각한다면 문제 해결이 빨라질 것이다. 사람이 문을 열 때 누르는 비밀번호는 "대답"이라고 가정하자. 도어락을 사용할 때의 과정은 아래와 같이 나눌 수 있다.

팀원과 함께 〈워크시트2〉에 [그림 2-18]과 같이 포스트잇을 사용하여 문제를 나누어보자.

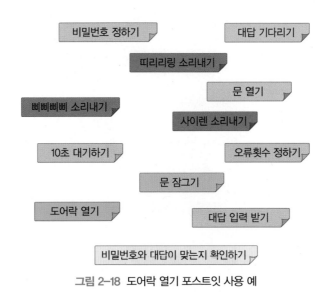

그림 2-18 도어락 열기 포스트잇 사용 예

(2) 알고리즘 만들기

문제 나누기에서 작성한 과정을 순서대로 나열해보자. 우리는 현관문을 열 때 도어락에 숫자를 입력하고 띠리리링 소리가 나면서 문이 열리면 집안으로 들어간다. 도어락에 이미 비밀번호가 저장되어 있고, 비밀번호와 내가 누른 대답이 같기 때문에 문이 열리는 것이다. 이사를 하거나 도어락을 처음 샀을 때 비밀번호를 설정한다. 이 비밀번호를 "7777"이라고 가정하자. 도어락을 사용할 때 허용되는 오류 횟수도 설정되어 있다. 오류 횟수를 "3회"로 가정하자.

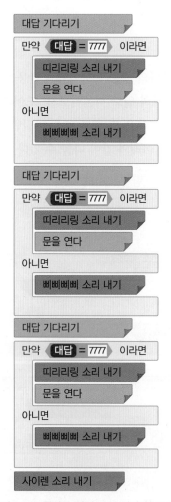

그림 2-19 현관문 열기 조건 처리 알고리즘

[그림 2-19]와 같이 도어락을 열면 도어락은 대답을 기다린다. 대답을 입력했을 때 비밀번호(7777)와 같다면 띠리리링 소리를 내면서 문이 열리고 그렇지 않으면 삐삐삐삐 소리를 낸다. 비밀번호가 틀렸다면 오류횟수를 3으로 가정하였기 때문에 도어락

은 다시 대답을 기다린다. 다시 대답을 입력 했을 때 비밀번호(7777)와 같다면 띠리리링 소리를 내면서 문이 열리고, 비밀번호와 다르다면 삐삐삐삐 소리를 낸다. 이와 같은 작업을 총 3번 반복하여 오류가 3회가 되면 사이렌 소리가 나도록 한다. 앞과 같이 도어락의 기능을 작게 나누고 순서대로 정리해 보았다. [그림 2-20]은 반복과 조건을 사용하여 정리한 알고리즘이다.

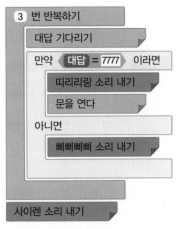

그림 2-20 현관문 열기 반복 처리 알고리즘

(3) 코딩하기

알고리즘을 스크래치로 코딩해보자. 완성된 결과 화면을 보고 사용하는 블록들로 스크래치 스크립트를 만들어보자.

[완성된 결과 화면]

[사용하는 블록]

	사용 블록	기능 설명
제어	만약 (이)라면	조건이 참(true)인 경우 내부에 포함된 블록들을 실행하기
	모두 ▼ 멈추기	모든 스프라이트의 모든 스크립트 중지시키기
연산	◇ > ◇	왼쪽 값이 오른쪽 값보다 크면 참(true)으로 반환하기
소리	doorError.mp3 ▼ 재생하기	설정한 소리 파일을 실행하면서 다음 블록 실행하기
형태	Hello! 을(를) 2 초동안 말하기	입력한 내용을 설정한 시간 동안 말풍선으로 보여주기
	Hmm... 을(를) 2 초동안 생각하기	입력한 내용을 설정한 시간 동안 생각하는 말풍선으로 보여주기

[새로운 배경과 스프라이트 추가하기]

① 파일을 업로드 하기 위해 🖼 [배경 파일 업로드하기]를 클릭하여 제공된 "back
ground_a.png"와 "background_b.png" 파일을 한 번에 업로드한다. 빈 배경 그
림은 ⊗ 버튼을 눌러 삭제한다. 업로드 한 배경 그림은 현관문이 닫혀있는 배경과
현관문이 열린 배경이다.

② Cat1 스프라이트는 삭제하고, 새로운 스프라이트를 추가한다. 스프라이트 도구 중
에서 🖼 [저장소에서 스프라이트 선택] 도구를 클릭하여 [사람들] 영역에서 "Avery
Walking"을 선택한다. 그리고 [모양]탭을 클릭하고 🔁 [좌우반전] 도구를 클릭하
여 바라보는 방향을 바꾼다.

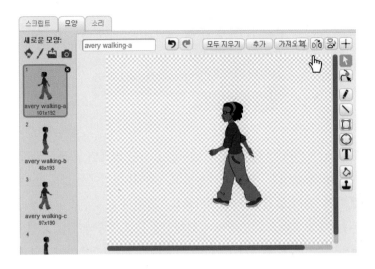

③ [소리]탭을 클릭하여 기존 소리를 ⊗ 버튼을 눌러 삭제하고, ⬆ [소리 파일 업로
드하기]를 클릭하여 제공된 "doorOpen.mp3", "doorError.mp3" 그리고 "Siren.
mp3" 파일을 업로드한다. 이 파일은 각각 비밀번호가 일치하여 문 열기를 성공했
을 때 나는 소리, 비밀번호가 달라서 오류를 알려줄 때 나는 소리 그리고 비밀번호
를 3번 틀렸을 때 위험을 알리는 소리이다.

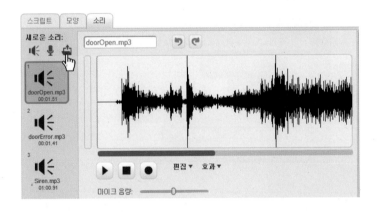

[스크립트 작성하기]

▶ Avery Walking 스프라이트

① 스프라이트 창에서 "Avery Walking"을 선택한다. 도어락에 대답을 입력하는 기회
는 3회 제공하기로 한다. 그리고 [관찰] 영역의 [묻고 기다리기] 블록을 이용하여,
"비밀번호를 입력하세요."를 보여주고 대답을 기다린다.

```
클릭했을 때
3 번 반복하기
  비밀번호를 입력하세요 묻고 기다리기
```

② 입력 받은 대답이 비밀번호(7777)와 같다면 [소리] 영역의 [~재생하기] 블록을 사용하여 "doorOpen.mp3" 파일을 재생하고, [형태] 영역에서 [2초 동안 말하기] 블록을 사용하여 "문이 열립니다. 들어가세요." 말한다.

문이 열리는 배경 그림으로 변경하기 위해 [메시지1 방송하기]를 실행한다. 그리고 [제어] 영역에서 [모두 멈추기] 블록을 사용하여 모든 스프라이트의 모든 기능을 멈춘다.

③ 입력 받은 대답이 비밀번호(7777)와 같지 않다면, [소리] 영역에서 [~재생하기] 블록을 추가하여 "doorError.mp3" 파일을 재생하고 [만약 ~ (이)라면] 블록을 빠져나온다. 이 작업을 3번 반복한다.

```
만약   대답 = 7777  (이)라면
  doorOpen.mp3 ▼ 재생하기
  문이 열립니다. 들어가세요. 을(를) 2 초동안 말하기
  메시지1 ▼ 방송하기
  모두 ▼ 멈추기
아니면
  doorError.mp3 ▼ 재생하기
```

④ [3번 반복하기] 블록이 실행되고 나면, 대답과 비밀번호가 3번 틀린 것이므로, [소리] 영역의 [~재생하기] 블록을 사용하여 "Siren.mp3" 파일을 재생하고, [형태] 영역의 [2초 동안 생각하기] 블록을 사용하여 "아, 이런… 도망가자!!"를 보여준다.

▶ 무대 배경

① 무대 배경은 처음 스크립트가 실행될 때 현관문이 닫힌 배경으로 시작해야 한다. [이벤트] 영역에서 [깃발을 클릭했을 때] 블록을 넣고, [형태] 영역에서 [배경을 ~로 바꾸기] 블록을 추가하여 "background_a.png"로 바꾼다.

② ▶ Avery Walking 스프라이트 ②번의 [메시지1 방송하기]가 실행되면 [메시지1을 받았을 때]를 호출한다. 이 작업은 비밀번호와 대답이 일치할 때 실행되는 블록이기 때문에 무대 배경을 문이 열리는 모양으로 변경하면 된다. [형태] 영역에서 [배경을 ~로 바꾸기] 블록을 추가하여 "background_b.png"로 바꾼다.

[완성된 스크립트]

▶ Avery Walking 스프라이트

▶ 무대 배경

이번 예제는 앞서 작성한 예제와는 다르게 스크래치에서 사용하는 [관찰] 영역 내의 블록을 사용하여 참(true)과 거짓(false)을 판단하는 문제이다. 이전 문제에서는 비밀번호가 맞는가 틀리는가에 대한 조건을 사용하였다. 이번 문제에서는 [방향키가 눌렸는가?]를 감지하여 판단하거나, [스프라이트의 y좌표값이 20보다 큰가?]와 같은 조건을 판단하는 문제이다. 사람이 되고 싶은 인어 프로그램 개발 과정을 문제 나누기, 알고리즘 만들기, 코딩하기 순서로 진행한다.

(1) 문제 나누기

바닷속을 헤엄치는 인어가 있다. 이 인어는 바다에서는 꼬리가 있고, 바다에서 나와 땅으로 올라가면 다리로 바뀌어 해변을 산책한다. 인어가 바다에서 헤엄치다가 땅으로 올라가 산책하는 과정을 [그림 2-21]과 같이 포스트잇을 사용해서 문제를 나누어 보자.

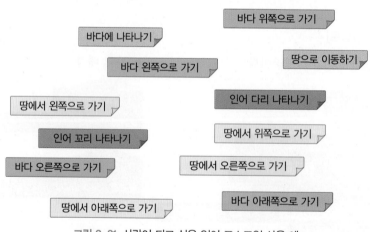

그림 2-21 사람이 되고 싶은 인어 포스트잇 사용 예

(2) 알고리즘 만들기

포스트잇으로 정리한 인어의 이동 과정을 정리해보자. 인어가 처음 나타나는 곳을 바다로 하고 바다 속에서는 상하좌우로 이동한다. 인어 꼬리에서 인어 다리로 바뀌는 지점을 땅으로 이동했을 때로 정한다. 땅으로 이동하면 인어 다리가 나타나도록 한 후 땅에서 상하좌우로 이동하는 알고리즘을 순차적으로 [그림 2-22]와 같이 정리해보자.

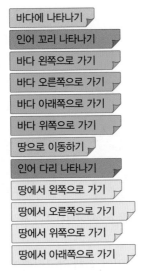

그림 2-22 사람이 되고 싶은 인어 알고리즘

인어 꼬리와 다리가 나타나게 하는 조건을 생각해보자. 바다에서는 인어 꼬리가 나타 나야 하고, 땅 위에서는 다리가 나타나야 한다. 그 기준을 y좌표 값으로 설정해보자. [그림 2-23]과 같이 인어의 y좌표 값이 20보다 작으면 인어 꼬리가 나타나게 한다. 그리고 y좌표가 20보다 크면 인어 다리가 나타나게 한다. 이 알고리즘은 [그림 2-23] 과 같은 조건문으로 해결할 수 있다.

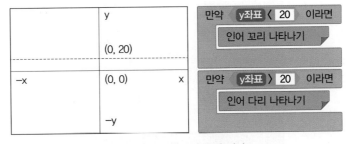

그림 2-23 y좌표 값 조건 처리

이번에는 키보드의 방향키를 상하좌우로 움직일 때를 생각해보자. 방향키를 한 번만 움직이는 것이 아니라 키보드의 방향키가 눌릴 때마다 반복해서 이동해야 한다. 그러 므로 조건문을 사용하여 방향키가 눌릴 때마다 반복해서 이동하도록 한다. 왼쪽/오른 쪽 방향으로 이동하는 것은 x좌표 값을 사용하고, 위쪽/아래쪽 방향으로 이동하는 것은 y좌표값을 사용한다. 방향키 사용은 바닷속이나 땅 위에서나 동일하게 사용할 수 있다. [그림 2-24]는 방향키 사용에 대한 조건 처리를 보여준다.

그림 2-24 방향키 조건 처리

[그림 2-25]는 사람이 되고 싶은 인어 전체 알고리즘이다.

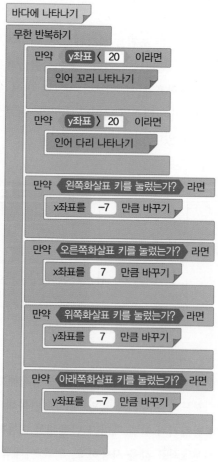

그림 2-25 사람이 되고 싶은 인어 알고리즘

(3) 코딩하기

알고리즘을 스크래치로 코딩해보자. 완성된 결과 화면을 보고 사용하는 블록들로 스크래치 스크립트를 만들어보자.

[완성된 결과 화면]

[사용하는 기능]

사용 도구	기능 설명
스프라이트 파일 업로드하기	새로운 스프라이트 파일 업로드하기

[사용하는 블록]

	사용 블록	기능 설명
제어	만약 (이)라면	내부에 포함된 블록들을 무한 반복하여 실행하기
연산	>	왼쪽 값이 오른쪽 값보다 크면 참(true)으로 반환하기
	<	왼쪽 값이 오른쪽 값보다 작으면 참(true)으로 반환하기
관찰	스페이스 ▼ 키를 눌렀는가?	설정한 키를 눌렀는지 확인하기
동작	x좌표를 10 만큼 바꾸기	스프라이트의 x좌표를 설정한 값만큼 변경하기
	y좌표를 10 만큼 바꾸기	스프라이트의 y좌표를 설정한 값만큼 변경하기

[새로운 배경과 스프라이트 추가하기]

① 무대 배경은 [배경 파일 업로드하기] 도구를 사용하여 제공된 "해변.png" 파일을 선택한다.

② 스프라이트는 [스프라이트 파일 업로드하기] 도구를 사용하여 제공된 "mermaid1.png"로 선택하고, [모양] 탭에서 [모양 파일 업로드하기] 버튼을 클릭하여 "mermaid2.png" 파일을 추가한다.

[스크립트 작성하기]

① [이벤트] 영역에서 [클릭했을 때] 블록을 스크립트 창에 두고, [동작] 영역에서 [~로 이동하기] 블록을 사용하여 초기 위치를 (0, −120)으로 정한다.

② [제어] 영역에서 [무한 반복하기] 블록을 넣고 이 블록 안에 모든 블록을 추가한다.

③ [제어] 영역에서 [만약 ~(이)라면] 블록을 넣고 y좌표 값이 20보다 작다면 꼬리 그림인 "mermaid1"로 바꾸고, y좌표 값이 20보다 크다면 다리 그림인 "mermaid2"로 바꾼다. 이때 값의 비교는 [연산] 영역의 블록들을 사용한다.

④ 스프라이트의 이동은 위, 아래의 방향키를 누를 때 y좌표의 값을 7, −7 만큼 바꾸
도록 하고, 왼쪽, 오른쪽 방향키를 누를 때 x좌표의 값을 −7, 7 만큼 바꾸도록 한
다. 방향키가 눌렸는지 감지하는 블록으로 [관찰] 영역의 [~키를 눌렸는가?] 블록
을 사용한다.

[완성된 스크립트]

```
클릭했을 때
x: 0 y: -120 로 이동하기
무한 반복하기
    만약  y좌표 < 20  (이)라면
        모양을 mermaid1 ▼ (으)로 바꾸기

    만약  y좌표 > 20  (이)라면
        모양을 mermaid2 ▼ (으)로 바꾸기

    만약  위쪽 화살표 ▼ 키를 눌렀는가?  (이)라면
        y좌표를 7 만큼 바꾸기

    만약  아래쪽 화살표 ▼ 키를 눌렀는가?  (이)라면
        y좌표를 -7 만큼 바꾸기

    만약  왼쪽 화살표 ▼ 키를 눌렀는가?  (이)라면
        x좌표를 -7 만큼 바꾸기

    만약  오른쪽 화살표 ▼ 키를 눌렀는가?  (이)라면
        x좌표를 7 만큼 바꾸기
```

2.3 변수

일반적인 프로그램은 외부로부터 데이터를 입력 받아 계산한 후 결과를 출력하는 과정을 거친다. 입력 받은 데이터는 프로그램 내에서 한 번만 사용되는 것이 아니라 프로그램이 실행되는 동안 계속 사용되기 때문에 데이터 저장소(변수, variable)에 저장하여 사용한다. 또한 동일한 저장소에 저장된 데이터는 계속 변경할 수도 있다. 이 장에서는 변수의 개념을 이해하고 스크래치로 예제를 다루어 본다.

2.3.1 변수의 개념

스크래치를 사용하여 반지름이 2인 원의 넓이를 구하려면 어떻게 해야 할까? [그림 2-26]과 같이 원의 넓이를 계산하는 공식에 맞추어 계산하는 프로그램을 작성하면 그 결과로 12.56을 얻을 수 있다.

그림 2-26 반지름이 2인 원의 넓이를 계산한 프로그램 결과

[그림 2-27]은 반지름이 2인 원의 넓이를 계산하는 프로그램이다.

그림 2-27 반지름이 2인 원의 넓이를 계산하는 프로그램

반지름 2 외에 반지름 7, 10, 83인 원의 넓이를 컴퓨터가 계산하게 하려면 어떻게 해야 할까?

[그림 2-27]의 프로그램에 반지름 7, 10, 83인 원의 넓이 계산을 추가한 결과는 [그림 2-28]과 같다.

그림 2-28 반지름 2, 7, 10, 83인 원의 넓이를 계산하는 프로그램

[그림 2-28]의 프로그램에는 반지름 값의 개수가 4개이며 이 값들을 저장하기 위한 4개의 저장 공간이 필요하다.

저장 공간은 컴퓨터 주기억 장치(main memory)의 일부 공간이다. 만약 반지름 값의 개수가 200개이면 주기억 장치에는 200개의 값을 저장할 공간이 필요하다. 모든 값의 개수만큼 저장 공간을 사용하기 보다 하나의 저장 공간에 여러 값들을 번갈아 사용하는 것이 효율적이다.

이와 같이 저장 공간을 효율적으로 사용하기 위해 하나의 저장 공간에 여러 값을 바꾸어 가면서 저장하고 사용한다. 이것이 변수를 사용하는 중요한 이유이다.

먼저 변수의 사용 예를 [그림 2-29]와 [그림 2-30]의 프로그램으로 알아보고, 자세한 내용은 2.3.2 변수의 사용에서 배운다.

프로그램을 이용하여 사용자에게 입력 값을 물어보고, 사용자가 입력한 값을 하나의 변수에 저장한다. 변수에 저장된 값에 따라 원의 넓이를 계산하는 프로그램을 작성하면 [그림 2-29]와 같다.

그림 2-29 사용자의 입력 값에 따라 원의 넓이를 계산하는 프로그램 결과

[그림 2-30]과 같이 "반지름" 변수와 "넓이" 변수를 만들고, 사용자가 입력한 값을 "반지름" 변수에 저장한다. "반지름" 변수에 저장된 값을 원의 넓이를 계산하는 공식에 넣어 계산한 값을 "넓이" 변수에 저장하여 출력한다. 반복 블록을 이용하면 사용자가 원하는 횟수만큼 원의 넓이를 계산하는 과정을 반복할 수 있다.

그림 2-30 사용자의 입력 값에 따라 원의 넓이를 반복 계산하는 프로그램

2.3.2 변수의 사용

변수는 일상 생활에서 상자 안에 물건을 넣어두는 것과 같다. 상자를 컴퓨터 내부의 저장 공간인 데이터 저장소로 생각할 수 있으며, 상자 속의 물건은 데이터 저장소에 저장하고 사용하는 데이터로 생각할 수 있다. 즉, 데이터 저장소는 변수이고, 상자 속의 물건은 데이터이다.

[그림 2-31]과 같이 상자 속에 물건을 바꾸어 넣을 수 있듯이, 변수에도 언제든지 데이터를 바꾸어 넣을 수 있다.

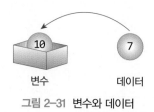

그림 2-31 변수와 데이터

또한 상자의 표면에 이름표를 붙여 놓으면 상자를 쉽게 구분할 수 있듯이, 변수도 서로를 구별하기 위해 각 변수마다 이름을 지정한다. [그림 2-32]의 "반지름"과 "넓이"가 바로 변수의 이름이며, 사용자가 입력한 값 10과 계산된 원의 넓이 314.0은 "반지름"과 "넓이" 변수에 저장된 값이다.

그림 2-32 변수의 이름과 값

[그림 2-33]과 같이 숫자가 아니라, 좋아하는 꽃 이름과 같은 문자 데이터를 사용자로부터 입력 받아 결과를 출력하는 프로그램을 작성해보자.

그림 2-33 사용자로부터 문자 데이터를 입력 받아 출력하는 프로그램 결과

[그림 2-33]을 스크래치로 코딩해보면 [그림 2-34]와 같다.

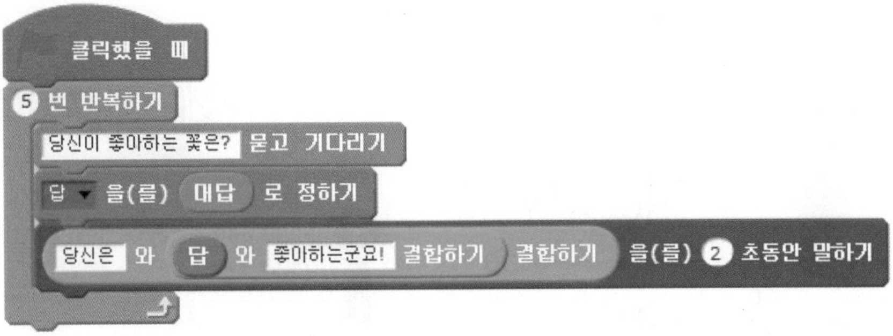

그림 2-34 사용자로부터 문자 데이터를 입력 받아 출력하는 프로그램

2.3.3 스크래치로 배우는 변수

변수에 값을 저장하여 '1부터 100 사이' 숫자를 맞추는 퀴즈 게임 예제와 피자 넓이를 계산하여 같은 가격에 큰 사이즈의 피자를 주문하는 예제를 스크래치로 코딩해보자.

예제 1 **'1부터 100 사이' 숫자 퀴즈**

[그림 2-35]와 같이 나와 컴퓨터가 '1부터 100 사이'의 숫자를 맞추는 퀴즈 게임을 해보자. 컴퓨터가 선택한 숫자를 내가 추측하여 맞추는 것이다. 여기서 컴퓨터가 선택하는 숫자는 1부터 100사이의 예측 불가능한 임의의 수(난수, random number)로 설정한다.

내가 대답한 숫자가 컴퓨터가 생각한 숫자와 같으면, 몇 번 만에 맞추었는지 횟수를 알려주고 게임을 끝낸다. 만약 내가 대답한 숫자가 컴퓨터가 생각한 숫자보다 크면 "네가 생각한 숫자보다 작아~!" 라고 말하고, 내가 대답한 숫자가 컴퓨터가 생각한 숫자보다 작으면 "네가 생각한 숫자보다 커~!" 라고 말한다. 내가 정답을 맞출 때까지 퀴즈를 반복힌다.

1부터 100 사이 숫자 퀴즈 게임 프로그램 개발 과정을 문제 나누기, 알고리즘 만들기, 코딩하기 순서로 진행해보자.

그림 2-35 나와 컴퓨터의 '1부터 100 사이'의 숫자 퀴즈 프로그램 구성

(1) 문제 나누기

'1부터 100 사이' 숫자 퀴즈를 해결하기 위한 과정을 작은 단위로 나누어보자.

- 컴퓨터는 1부터 100까지의 숫자 중 하나를 선택한다.
- 나는 컴퓨터가 선택한 숫자를 추측하여 말하고, 대답할 때마다 횟수를 센다.
- 내가 대답한 숫자가 컴퓨터가 선택한 숫자와 같으면 몇 번 만에 맞췄는지 말해주고 퀴즈를 끝낸다.
- 만약 내가 대답한 숫자가 컴퓨터가 선택한 숫자보다 크면 "네가 생각한 숫자보다 작아~!" 라고 말하고, 작으면 "네가 생각한 숫자보다 커~!" 라고 말한다.
- 정답을 맞출 때까지 퀴즈를 반복한다.

(2) 알고리즘 만들기

변수의 저장을 이용한 '1부터 100 사이' 숫자 퀴즈를 해결하는 과정을 알고리즘으로 정리하면 [그림 2-36]과 같다. "횟수"와 "컴퓨터 선택 숫자" 값이 저장될 변수를 만들고 시작 값을 설정한다. 컴퓨터는 내가 어떤 숫자를 입력할지 묻고, 내가 숫자를 입력하면 횟수가 1 증가한다.

내가 입력한 숫자가 컴퓨터가 선택한 숫자와 같으면 몇 번 만에 정답을 맞췄는지 말해주고 퀴즈 게임을 종료한다. 만약 내가 입력한 숫자가 컴퓨터가 선택한 숫자보다 크면 "네가 생각한 숫자보다 작아~!"라고 보여주고, 컴퓨터가 선택한 숫자보다 작으면 "네가 생각한 숫자보다 커~!"라고 보여준다. 내가 입력한 숫자가 맞을 때까지 반복한다.

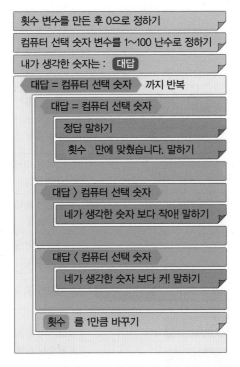

그림 2-36 '1부터 100 사이' 숫자 퀴즈의 알고리즘

(3) 코딩하기

알고리즘을 스크래치로 코딩해보자. 완성된 결과 화면을 보고 사용하는 블록들로 스크래치 스크립트를 만들어보자.

[완성된 결과 화면]

[사용하는 블록]

사용 블록		기능 설명
변수	횟수	변수 만들기
	컴퓨터 선택 숫자	변수 만들기
	횟수▼ 을(를) 0 로 정하기	변수 값을 설정한 값으로 정하기
말하기	□ 을(를) 2 초동안 말하기	입력한 내용을 설정한 시간 동안 말풍선으로 보여주기
연산	1 부터 100 사이의 난수	설정한 범위 안에서 임의의 정수 하나를 선택하기
	□ > □	왼쪽 값이 오른쪽 값보다 크면 참(true)으로 반환하기
	□ 와 번만에 맞췄습니다. 결합하기	입력한 두 개의 문자열을 결합하기
제어	만약 ◇ (이)라면	조건이 참(true)인 경우 내부에 포함된 블록들을 실행하기
	◇ 까지 반복하기	조건이 참(true)이 될 때까지 내부 블록을 반복 실행하기

[스크립트 작성하기]

① "횟수"와 "컴퓨터 선택 숫자" 변수를 만들고 시작 값을 설정한다. 이때 "컴퓨터 선택 숫자"에 저장될 시작 값은 1부터 100 사이의 임의의 숫자 하나를 선택하여 저장한다.

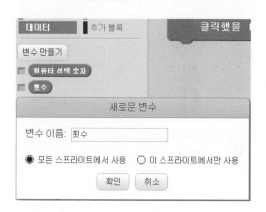

② 컴퓨터는 내가 정답을 맞출 때까지 내가 어떤 숫자를 입력할지 묻고, 내가 숫자를
입력하면 "횟수"가 1씩 증가한다.

③ 내가 대답한 숫자가 컴퓨터가 선택한 숫자와 같으면 몇 번 만에 정답을 맞췄는지
말한다.

④ 만약 내가 대답한 숫자가 컴퓨터가 선택한 숫자보다 크면, 컴퓨터는 "네가 생각한
숫자보다 작아~!"라고 말하고, 내가 대답한 숫자가 컴퓨터가 선택한 숫자보다 작
으면 "네가 생각한 숫자보다 커~!"라고 말한다.

대답 = 컴퓨터 선택 숫자 까지 반복하기

컴퓨터가 선택한 숫자는?(1~100) 묻고 기다리기

횟수 ▾ 을(를) 1 만큼 바꾸기

만약 대답 = 컴퓨터 선택 숫자 (이)라면

정답입니다!! 을(를) 2 초동안 말하기

횟수 와 번만에 맞혔습니다. 결합하기 을(를) 2 초동안 말하기

만약 대답 > 컴퓨터 선택 숫자 (이)라면

네가 생각한 숫자보다 작아~! 을(를) 2 초동안 말하기

아니면

네가 생각한 숫자보다 커~! 을(를) 2 초동안 말하기

[완성된 스크립트]

클릭했을 때

횟수 ▾ 을(를) 0 로 정하기

컴퓨터 선택 숫자 ▾ 을(를) 1 부터 100 사이의 난수 로 정하기

대답 = 컴퓨터 선택 숫자 까지 반복하기

컴퓨터가 선택한 숫자는?(1~100) 묻고 기다리기

횟수 ▾ 을(를) 1 만큼 바꾸기

만약 대답 = 컴퓨터 선택 숫자 (이)라면

정답입니다!! 을(를) 2 초동안 말하기

횟수 와 번만에 맞혔습니다. 결합하기 을(를) 2 초동안 말하기

만약 대답 > 컴퓨터 선택 숫자 (이)라면

네가 생각한 숫자보다 작아~! 을(를) 2 초동안 말하기

아니면

네가 생각한 숫자보다 커~! 을(를) 2 초동안 말하기

[그림 2-37]과 같이 한장미가 피자를 주문하려고 하는데, 광고를 보고 고민에 빠졌다. 같은 가격이라면 라지 피자 1판을 사는 것과 레귤러 피자 2판을 사는 것 중 어느 쪽이 더 합리적인 주문일까? 라지 피자 1판과 레귤러 피자 2판의 넓이를 구하여 크기가 큰 피자를 주문해보자.

같은 가격에 큰 피자 선택하기 프로그램 개발 과정을 문제 나누기, 알고리즘 만들기, 코딩하기 순서로 진행해보자.

그림 2-37　같은 가격에 크기가 큰 피자 선택하기 프로그램 구성

(1) 문제 나누기

'같은 가격에 큰 피자 선택하기' 문제를 해결하기 위한 과정을 작게 나누어보자.

- 라지 피자 1개의 넓이를 계산한다.
- 레귤러 피자 2개의 넓이를 계산한다
- 두 종류의 피자 넓이를 비교하여 어느 피자의 넓이가 큰지 결정한다.

(2) 알고리즘 만들기

라지 피자 1판과 레귤러 피자 2판의 넓이를 구해 그 크기를 비교하는 과정을 알고리즘으로 정리하면[그림 2-38]과 같다. "라지 피자의 넓이"와 "레귤러 피자의 넓이"가 저장될 변수를 만든다. 사용자로부터 라지 피자의 반지름을 입력 받아 1판의 넓이를 구한다. 또한 레귤러 피자의 반지름을 입력 받아 2판의 넓이를 구한다. 라지 피자 1판과 레귤러 피자 2판의 넓이를 비교하여 주문을 결정한다.

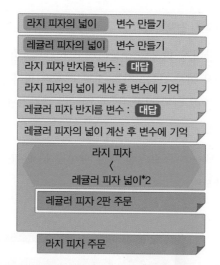

그림 2-38 같은 가격에 큰 피자 주문하기의 알고리즘

(3) 코딩하기

알고리즘을 스크래치로 코딩해보자. 완성된 결과 화면을 보고 사용하는 블록들로 스크래치 스크립트를 만들어보자.

[완성된 결과 화면]

[사용하는 블록]

사용 블록		기능 설명
변수	레귤러 피자 넓이	변수 만들기
	레귤러 피자 넓이	변수 만들기
	라지 피자 넓이 ▼ 을(를) ☐ 로 정하기	변수 값을 설정한 값으로 정하기
말하기	☐ 을(를) ② 초 동안 말하기	입력한 내용을 설정한 시간 동안 말풍선으로 보여주기
연산	① 부터 ⑩⑩ 사이의 난수	설정한 범위 안에서 임의의 정수 하나를 선택하기
	☐ < ☐	왼쪽 값이 오른쪽 값보다 작으면 참(true)으로 반환하기
	레귤러 피자 2판 넓이 와 ☐ 결합하기	입력한 두 개의 문자열을 결합하기
	☐ * ☐	두 수를 곱하기
제어	만약 ◇ (이)라면 아니면	조건이 참(true)이면 내부 블록 중에 위쪽 블록을 실행하고, 조건이 거짓(false)이면 아래쪽 블록을 실행하기

[스크립트 작성하기]

① "라지 피자 넓이"와 "레귤러 피자 넓이" 변수를 만들고 시작 값을 설정한다.

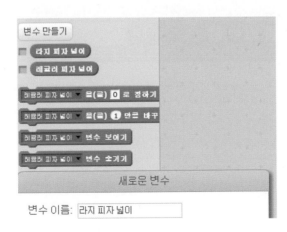

② 라지 피자의 반지름을 입력 받아 원의 넓이를 구하고 결과를 알려준다.

```
      클릭했을 때
라지 피자의 반지름은? 묻고 기다리기
라지 피자 넓이 ▼ 을(를)   대답  *  대답  *  3.14  로 정하기
   라지피자 1판 넓이  와  라지 피자 넓이  결합하기  을(를)  2  초동안 말하기
```

③ 레귤러 피자의 반지름을 입력 받아 원의 넓이를 구하고 결과를 알려준다.

```
레귤러 피자의 반지름은? 묻고 기다리기
레귤러 피자 넓이 ▼ 을(를)   대답  *  대답  *  3.14  로 정하기
   레귤러 피자 2판 넓이  와  레귤러 피자 넓이  *  2  결합하기  을(를)  2  초동안 말하기
```

④ 라지 피자 1판의 넓이와 레귤러 피자 2판의 넓이를 비교하여 주문을 결정한다.

```
만약   라지 피자 넓이  <  레귤러 피자 넓이  *  2   (이)라면
   레귤러 피자 2판 주문!  을(를)  2  초동안 말하기
아니면
   라지 피자 1판 주문!  을(를)  2  초동안 말하기
```

[완성된 스크립트]

```
클릭했을 때
라지 피자의 반지름은? 묻고 기다리기
라지 피자 넓이▼ 을(를) ( 대답 * 대답 ) * 3.14 로 정하기
( 라지피자 1판 넓이 와 라지 피자 넓이 결합하기 ) 을(를) 2 초동안 말하기
레귤러 피자의 반지름은? 묻고 기다리기
레귤러 피자 넓이▼ 을(를) ( 대답 * 대답 ) * 3.14 로 정하기
( 레귤러 피자 2판 넓이 와 ( 레귤러 피자 넓이 * 2 ) 결합하기 ) 을(를) 2 초동안 말하기
만약 ( 라지 피자 넓이 < ( 레귤러 피자 넓이 * 2 ) ) (이)라면
    레귤러 피자 2판 주문! 을(를) 2 초동안 말하기
아니면
    라지 피자 1판 주문! 을(를) 2 초동안 말하기
```

2.1 순차와 반복

[단답형]

1. (　　　　　　　　)이란 문제 해결 방법을 이해하기 쉽게 논리적으로 정리한 것을 말한다.

2. 순차적으로 처리되는 작업에서 일정한 패턴을 찾아 반복 작업하는 것을 반복 처리라 한다. 왼쪽의 순차 처리를 오른쪽의 반복 처리로 변경할 때 빈 칸에 필요한 블록으로 옳은 것은? (단, 모양은 cake-a와 cake-b 두 가지이다.)

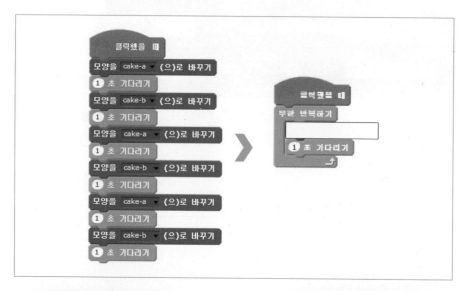

① 모양을 cake-a ▼ (으)로 바꾸기　　　　② 모양을 cake-b ▼ (으)로 바꾸기

③ 다음 모양으로 바꾸기　　　　④ 1 초 기다리기

3. 스크래치 블록 중 반복 처리 블록이 아닌 것은?

①

②

③

④ 무한 반복하기

[서술형]

1. 아래의 블록을 실행하면 어떤 도형이 만들어지는가?

[실행 블록]

2. 코끼리 스프라이트를 추가하여 아래의 블록을 쌓았다. 실행하여 나오는 결과를 예측하고 과정을 설명하라.

[실행 블록]

[결과 설명]

①
②
③
④
⑤

3. 다음은 트램펄린 블록을 쌓은 것이다. 어떤 블록을 반복 처리할 수 있는지 살펴보자. 스크래치의 [무한 반복하기] 블록을 사용하여 반복 처리 알고리즘으로 수정하라.

[실행 화면]

[실행 블록]

[사용 블록]

4. 다음은 다각형 안에 작은 다각형을 그리는 블록이다. [~번 반복하기] 블록을 사용하여 프로그램을 완성하라.

[결과 화면]

[사용 블록]

[실행 블록]

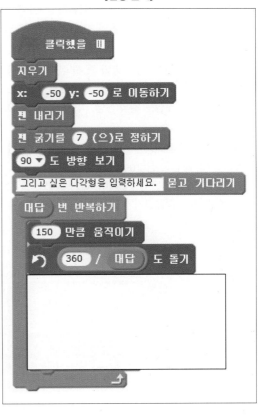

[단답형]

1. (   )는 제시된 상황이나 조건에 따라 다른 결과를 선택할 수 있고 조건이 만족할 때까지 또는 만족하는 동안 반복 실행하는 개념이다.

2. 알고리즘을 표현하는 방법 중 하나인 (   )는 기호와 도형을 이용하여 일의 순서나 작업의 흐름을 표시해 놓은 차트를 말한다. 사용되는 도형에 따라 타원은 시작과 끝을 의미하고, 직사각형은 일의 진행, 마름모는 조건 기호를 나타낸다.

3. 다음은 10세 이상인 사람만 놀이 공원에 입장할 수 있는 블록을 쌓은 것이다. "대답"을 입력 했을 때, 조건이 참(true)이면 "입장이 가능합니다. 들어가세요!"를 2초 동안 말하고, 거짓(false)이면 "입장이 불가능합니다. 나가주세요!"를 2초 동안 말하는 블록을 완성하고자 한다. 어떤 블록이 가장 적당한가?

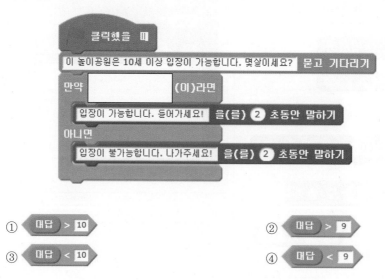

① 대답 > 10   ② 대답 > 9

③ 대답 < 10   ④ 대답 < 9

[서술형]

1. 학점 구하기

   학점을 입력하면 90점 이상이면 A, 80점 이상이면 B, 70점 이상이면 C, 70 미만은 F 학점으로
   처리하는 프로그램을 완성하라.

[실행 화면]

[실행 블록]

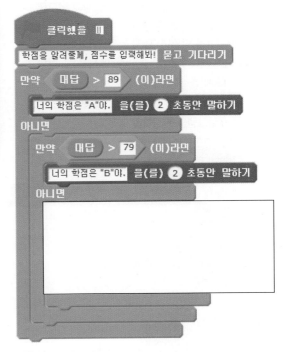

[사용 블록]

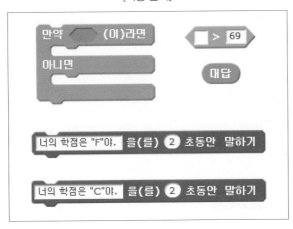

2. 로봇청소기가 돌아다니면서 먼지, 쿠키, 벌
레를 치우는 프로그램이다.

"먼지", "쿠키", "벌레"는 x, y 좌표 영역 임
의의 위치에 보이게 한다.

"로봇 청소기"는 무한 반복하며 무대를 돌
아다닌다. 로봇 청소기가 벽에 닿으면 튕기
도록 하고, 먼지나 쿠키 또는 벌레에 닿으면
각각의 메시지를 방송한다.

메시지1을 받으면 "먼지"는 숨긴다. 메시지2
를 받으면 "쿠키"는 숨긴다. 메시지3을 받으
면 "벌레"는 숨긴다.

[실행 화면]

이 프로그램을 완성하라.

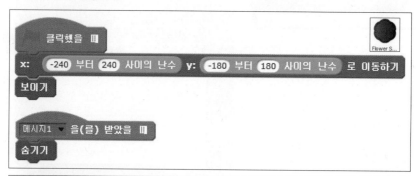

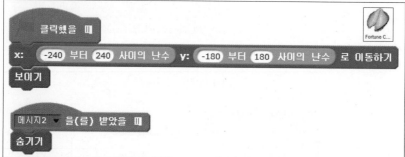

[실행 블록]

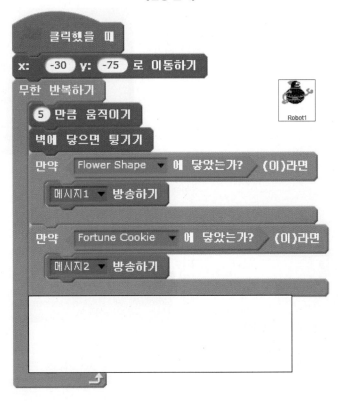

[사용 블록]

3. 파리 먹는 개구리

파리는 다음 동작을 하면서 무한 반복한다. (10만 큼 움직이고, 0.3도 돌면서 벽에 닿으면 튕긴다) 개구리는 키보드의 스페이스 바를 누르면 혀가 나타난다. 스페이스 바가 눌려 있고 개구리에 파리가 닿으면 파리가 사라지고 "chomp" 소리가 재생되는 게임이다. 이 프로그램을 완성하라.

[실행 화면]

[실행 블록]

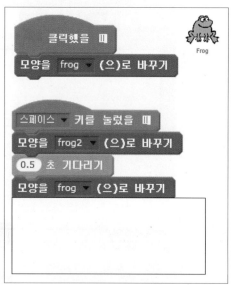

[사용 블록]

[단답형]

1. (   )는 컴퓨터 내부의 저장 공간으로 숫자 또는 문자 데이터를 저장할 수 있다.

2. 다음 문제에 O, X로 답하라.

    (1) 변수의 값은 한 번 정하면 변경할 수 없다. (   )

    (2) 변수는 값을 정할 수 있고, 비교와 연산은 작업도 가능하다. (   )

3. 두 변수 X와 Y에 두 숫자를 입력한 후 SUM을 계산하였다. 아래의 블록을 실행하여 나오는 결과값은?

[서술형]

1. '네 이름은 뭐니?' 질문에 대한 답을 "이름" 변수에 저장하고, 저장된 값으로 '반가워, 홍길동'과 같은 인사 메시지를 출력하는 프로그램을 만들어보자. 변수 블록과 말하기 블록을 이용하여 프로그램을 완성하라.

[실행 블록]

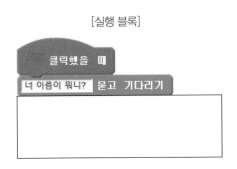

[사용 블록]

2. 두 개의 변수(국어, 영어)를 만들고 값을 정한 후 평균을 구하는 블록을 쌓아보자. 평균이 구해
지면 [말하기] 블록을 이용해 확인하는 프로그램을 완성하라.

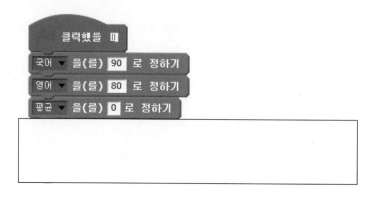

[사용 블록]

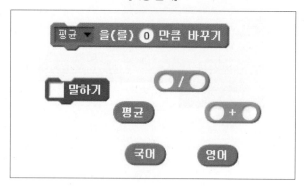

3. 다음은 다트로 사과를 맞히는 게임이다. 사과는 자유롭게 이동하는 스프라이트이다. 스페이스 바를 누르면 다트가 y방향으로만 이동한다. 만약 다트로 사과를 맞히면 사과가 사라지고, 점수가 1 증가한다. 그리고 0.3초 기다린 후, 처음 위치로 이동하여 다시 다트가 보이도록 프로그램을 완성하라.

[실행 화면]

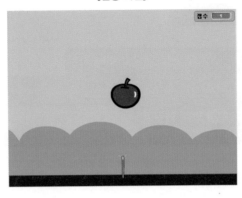

[실행 화면]

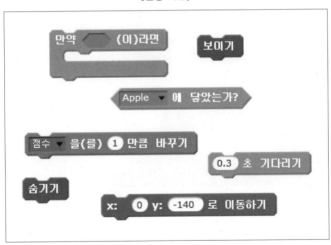

[실행 블록]

```
클릭했을 때
x: 0 y: -140 로 이동하기
보이기
점수 ▾ 을(를) 0 로 정하기
무한 반복하기
    만약 스페이스 ▾ 키를 눌렀는가? (이)라면
        벽 ▾ 에 닿았는가? 또는 Apple ▾ 에 닿았는가? 까지 반복하기
            y좌표를 10 만큼 바꾸기



        만약 벽 ▾ 에 닿았는가? (이)라면
            숨기기
            0.3 초 기다리기
            x: 0 y: -140 로 이동하기
            보이기
```

워크시트1	스크래치로 배우는 컴퓨팅 사고	담당교수	이름
	다각형 그리기		

[학습목표]

문제 나누기, 순차 처리, 반복 처리를 통하여 다각형 그리기의 패턴을 이해할 수 있다.

1) 삼각형을 그리시오.　　　2) 사각형을 그리시오.　　　3) 오각형을 그리시오.

삼각형	사각형	오각형

워크시트2	스크래치로 배우는 컴퓨팅 사고	담당교수	이름
	현관문 열기		

[학습목표]

문제 나누기, 순차, 조건, 반복, 함수 등을 이용하여 알고리즘을 만들어보자.

1) 초기 비밀번호는 7777로 정한다.

2) 비밀번호를 입력하여 저장된 비밀번호와 같으면 문이 열린다.

3) 비밀번호는 3회 입력 가능하며, 3회 모두 틀리면 사이렌 소리가 난다.

알고리즘 작성하기

03 스크래치로 배우는 컴퓨팅 사고(2)

- 리스트를 이용한 데이터 처리 개념을 이해할 수 있다.
- 함수의 개념을 이해하고, 주변에서 사례를 찾아본다.
- 함수의 구조와 사용 방법을 이해할 수 있다.
- 분산 및 병렬 처리의 개념을 이해하고, 주변에서 일어나는 사례를 찾아본다.
- 생활 속 문제에서 불필요한 디테일은 숨기고 간단히 정리하고 사용할 수 있는 추상화를 이해할 수 있다.

이 장에서는 스크래치를 이용하여 컴퓨팅 사고 중 데이터 명단(리스트, list)을 이용한 데이터 처리, 하청 프로그램(함수, function)과 하청 주기(함수 호출, function call) 업무 분담 또는 동시처리(분산 및 병렬 처리, distributed and parallel processing)와 디테일 숨기기(추상화, abstraction)에 대하여 배운다.

컴퓨터는 수많은 데이터를 어떻게 기억하고 처리할까? 간단한 데이터를 저장할 때에는 변수를 이용할 수 있지만 여러 개의 데이터를 다룰 때는 비슷한 성격의 데이터를 함께 관리하는 것이 편리하다. 리스트는 비슷한 특성을 가진 데이터에 순서를 정해 모아 놓은 것으로 각각에 붙인 번호(인덱스, index)로 데이터를 구분한다. 리스트를 사용하면 다수의 데이터를 저장할 수 있어 매우 간단하게 프로그래밍할 수 있다.

그렇다면 컴퓨터에서는 크고 복잡한 문제를 어떻게 처리할까?

첫 번째 방법은 문제를 작게 나누어 일부분을 다른 누군가에게 처리하도록 맡기고 결과만을 얻을 수 있는 함수로 해결할 수 있다.

두 번째 방법으로는 문제를 혼자 처리하기보다는 여럿이 나누어 동시에 처리하는 분산 및 병렬 처리로 빠르고 쉽게 해결할 수 있다.

세 번째 방법은 불필요하고 복잡한 세부적인 내용은 숨기고 반드시 필요한 핵심적인 특징만으로 단순하게 정리하여 이를 문제 해결에 적용한다.

3.1 리스트

이 장에서는 스크래치로 리스트 예제를 몇 개 구현해 본다. 리스트는 여러 개의 데이터를 한 개의 그룹으로 저장하는 방법이다. 리스트에는 배열(array)과 연결 리스트(linked list)가 있다. 스크래치에서 말하는 리스트는 엄밀히 따지면 배열이다. 7장에서 리스트, 배열, 연결 리스트 등을 좀 더 자세히 배울 것이다.

3.1.1 리스트의 개념

2.3 변수에서는 변수 하나를 사용하여 스크래치로 원의 넓이를 계산하였다. 이 장에서는 변수 여러 개를 사용하는 스크래치 프로그램을 만들어본다.

학생 5명의 점수를 입력 받아서 합계와 평균을 구하고 싶다면 어떻게 해야 할까?

합계와 평균을 계산하려면 먼저 학생들의 점수를 입력 받아 어딘가에 저장해야 한다. [그림 3-1]과 같이 학생 5명의 점수를 저장하기 위해서는 [데이터 영역]에서 [변수 만들기]를 이용하여 "학생1", "학생2", "학생3", "학생4", "학생5"의 변수 5개와 학생 5명의 합계가 저장될 "합계" 변수 1개를 만든다.

사용자에게서 데이터를 입력 받기 위해서는 [관찰] 영역의 [~ 묻고 기다리기] 블록을 활용해야 하고, 사용자가 입력한 값을 순서대로 5명의 학생 점수를 저장하는 변수에 각각 저장한다. 5명의 점수를 모두 더하여 "합계" 변수에 저장하고, "합계" 변수에 저장된 값을 5로 나누어 평균을 구한다.

모든 변수는 스크립트가 실행될 때마다 0이 되도록 하기 위해서 [합계를 0으로 정하기] 블록을 맨 앞에 넣어 주어야 반복적으로 실행하더라도 학생 5명의 점수와 합계가 제대로 계산된다.

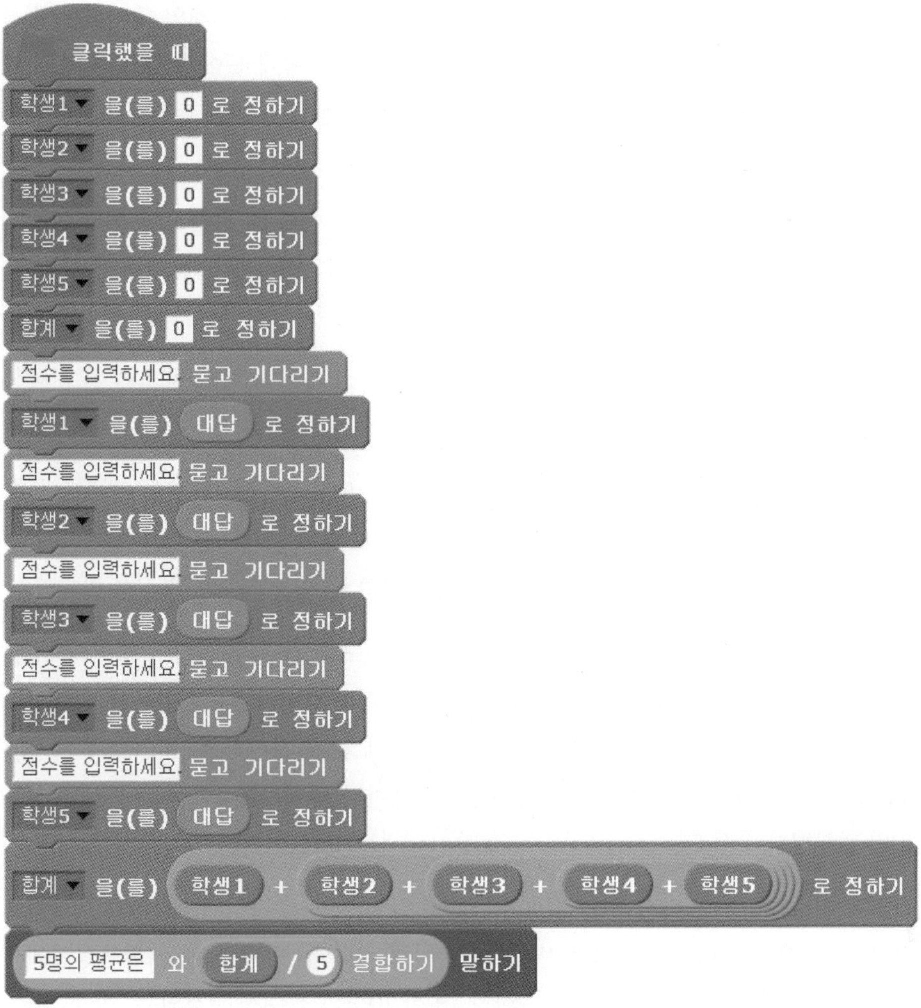

그림 3-1 학생 5명의 성적을 입력 받아 합계와 평균을 계산하는 프로그램

이와 같은 방식으로 학생 100명의 성적을 컴퓨터 프로그램으로 관리하게 되면, 학생 100명의 점수를 저장할 변수 100개가 필요하게 된다.

여기서 골치 아픈 문제가 생긴다. 변수는 하나의 값만을 저장할 수 있으며 다른 변수와 구분하기 위해 고유의 이름이 필요하다. 변수의 이름을 정하는 것은 프로그램을 작성하는 사람이 해야 할 일이다. 변수 100개가 필요하다면 변수 이름을 100개 만들어야 한다.

이러한 문제를 해결하기 위해 프로그래밍 언어들은 리스트라는 기능을 제공한다. 리스트는 변수가 순서에 따라 연결되어 있는 데이터 저장소로 여러 개의 데이터를 순서대로 저장할 수 있다. 리스트에만 이름을 붙여 주고, 그 속에 들어 있는 데이터는 모두 리스트의 이름을 공유하며 리스트 내에서의 인덱스를 부여 받게 된다. 리스트를 사용할 때는 리스트 내의 인덱스를 사용하는 것이 편리하다.

예를 들어, 유한결에게 민성, 민준, 민하 3명의 아들이 있을 때 가끔 사람들이 민성이를 '유한결의 첫째 아들', 민준이를 '유한결의 둘째 아들', 민하를 '유한결의 셋째 아들'이라고 부르는 것과 비슷하다.

[그림 3-1]에서 작성한 프로그램을 리스트를 이용하여 학생 10명의 점수를 입력 받아 합계와 평균을 구하는 프로그램으로 확장해보자.

[그림 3-2]와 같이 먼저 10명의 학생 점수를 입력 받아 저장할 "학생성적" 리스트를 만들고, 합계가 저장될 "합계" 변수를 만든다. 리스트에 저장되는 값들은 입력한 순서에 따라 인덱스를 부여 받기 때문에 인덱스를 구별할 수 있는 "번호" 변수도 만든다.

10명의 학생이 "학생성적" 리스트의 이름을 공유하므로 간단하게 제어 영역의 [~번 반복하기] 블록을 활용한다. 학생 1명의 성적이 입력될 때마다 [대답 항목을 학생성적에 추가하기] 블록을 이용하여 "학생성적" 리스트에 값을 저장하고, 리스트에 저장된 값만큼 "합계" 변수 값을 바꾼다. 값이 입력될 때마다 인덱스를 1만큼 바꾸는 과정을 10번 반복한다.

스크래치 스크립트를 다시 실행하면 리스트의 값이 계속 추가되기 때문에, 스크립트가 시작될 때마다 리스트를 모두 비워 주기 위해서 [모두 번째 항목을 학생성적에서 삭제하기] 블록을 스크립트 앞에 추가한다. 또한 10명의 점수가 누적되는 "합계" 변수는 시작 값을 0으로 정하고 리스트 내의 인덱스를 가리키는 "번호" 변수는 시작 값을 1로 정하는 블록을 맨 앞에 넣어준다.

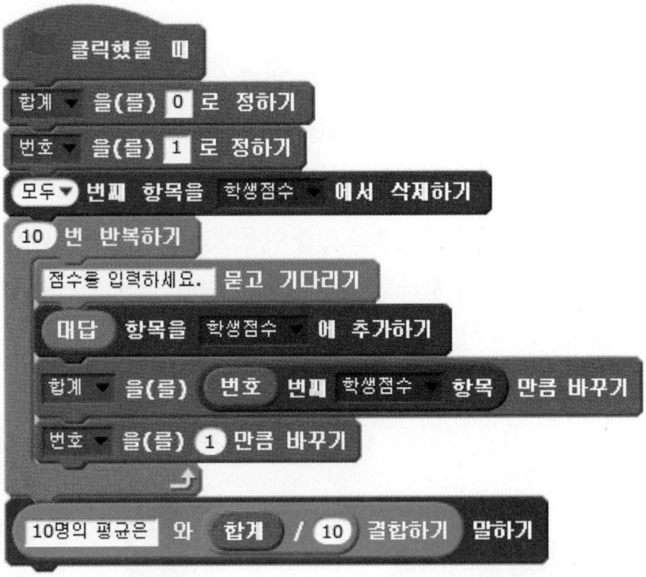

그림 3-2 리스트를 이용하여 학생 10명의 성적을 입력 받아 합계와 평균을 계산하는 프로그램

10명의 평균은 87.5

그림 3-3 학생 10명의 성적을 입력 받아 합계와 평균을 계산한 프로그램 결과

[그림 3-2]의 완성된 프로그램을 실행해 보면, [그림 3-3]과 같이 사용자가 입력한 점수가 "학생성적" 리스트에 저장되고 입력한 순서에 따라 인덱스가 부여되는 것을 확인할 수 있다.

학생 10명의 점수는 "학생성적"이라는 리스트 이름을 공유하며 인덱스로 리스트 내의 값들을 구분한다. 이와 같이 리스트에서는 특정 위치의 값을 가리키기 위해서 리스트 이름과 인덱스를 사용한다.

[그림 3-4]와 같이 "학생성적" 리스트에서 세 번째 위치 값을 찾아서 70의 값을 가져올 수도 있고, 두 번째 위치에 저장되어 있는 값 90을 95로 변경할 수도 있다. 또한 "학생성적" 리스트의 아홉 번째 위치에 있는 값 100을 삭제할 수도 있다.

데이터를 이름과 인덱스로 취급하는 리스트를 이용하면 리스트 하나만으로 다수의 데이터를 저장할 수 있어 간단하게 프로그래밍할 수 있다. 특정 위치의 값을 검색하거나, 삽입, 변경, 삭제하는 등의 연산도 가능하다.

그림 3-4 "학생성적" 리스트의 항목의 검색, 변경, 삭제 연산 결과

3.1.2 스크래치로 배우는 리스트

리스트에 저장된 10개의 정수 중에서 최댓값을 찾는 예제와 직원들의 일일 근무시간에 대한 임금을 계산하는 리스트 예제를 스크래치로 코딩해보자.

예제 1 **최댓값 찾기**

컴퓨터로부터 1부터 100까지의 수 중 임의의 수 10개를 선택하여 "자연수" 리스트에 저장한다. "자연수" 리스트에 저장된 10개의 정수 중에서 가장 큰 수를 찾아 최댓값으로 결정하는 스크래치 프로그램을 [그림 3-5]와 같이 작성하자. 최댓값 찾기의 개발 과정을 문제 나누기, 알고리즘 만들기, 코딩하기 순으로 진행한다.

그림 3-5 최댓값 찾기 프로그램 구성

(1) 문제 나누기

"자연수" 리스트에 저장된 10개의 정수 중에서 최댓값을 구하는 과정을 살펴보기에
앞서, 5개의 정수 {27, 11, 83, 32, 15}가 저장된 리스트에서 최댓값을 찾는 과정을 알
아보자.

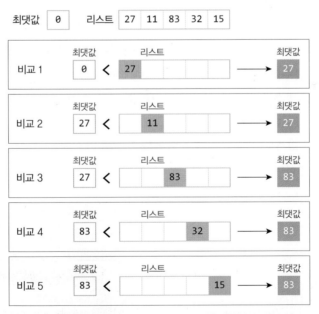

그림 3-6 5개의 정수 중에서 최댓값을 찾는 알고리즘

[그림 3-6]의 최댓값을 찾는 과정을 정리해 보면, 먼저 최댓값을 0으로 설정하고 첫
번째 수가 최댓값보다 크면 첫 번째 수를 최댓값으로 설정한다. 비교 1에서는 27이 0

보다 크기 때문에 첫 번째 수 27이 최댓값이 된다. 비교 2에서는 두 번째 수 11이 최 댓값 27보다 작기 때문에 최댓값은 그대로 27이다. 비교 3에서는 세 번째 수 83이 최 댓값 27보다 크기 때문에 83이 최댓값이 된다. 비교 4에서는 네 번째 수 32가 최댓값 83보다 작기 때문에 최댓값은 그대로 83이다. 마지막 비교 5에서는 다섯 번째 수 15 가 최댓값 83보다 작으므로 최댓값은 그대로 83이 된다.

위와 같은 방법으로 "자연수" 리스트에 저장된 10개의 정수 중에서 최댓값을 구하는 문제의 해결 과정을 작은 단위로 나누어보자.

- 10개의 정수를 리스트에 저장한다.
- [그림 3-6]과 같은 방식으로 최댓값을 구한다.
- 최댓값을 출력한다.

(2) 알고리즘 만들기

반복문과 리스트를 이용하여 10개의 정수 중에서 최댓값을 찾는 과정을 알고리즘으로 정리하면 [그림 3-7]과 같다.

먼저 10개의 정수가 저장될 "자연수" 리스트를 만든다. 컴퓨터로부터 1부터 100까지 의 수 중 임의의 수 하나를 선택하여 "자연수" 리스트에 10개의 정수를 저장한다. 최 댓값이 저장될 변수를 만들고 시작 값을 0으로 정한다. "자연수" 리스트의 인덱스를 가리키는 "번호" 변수를 만들고 시작 값을 1로 정한다. "자연수" 리스트에 저장된 첫 번째 수가 최댓값보다 크면 "자연수" 리스트의 첫 번째 수를 최댓값으로 정한다. 이 과정을 "자연수" 리스트의 항목 수만큼 반복한다. 마지막으로 "자연수" 리스트에서 최 댓값을 찾아 출력한다.

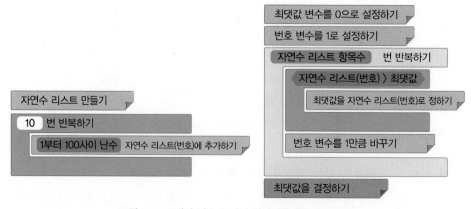

그림 3-7 10개의 정수 중에서 최댓값을 찾는 알고리즘

(3) 코딩하기

알고리즘을 스크래치로 코딩해보자. 완성된 결과 화면을 보고 사용하는 블록들로 스크래치 스크립트를 만들어보자.

[완성된 결과 화면]

[사용하는 블록]

	사용 블록	기능 설명
리스트	1 ▼ 번째 항목을 자연수 ▼ 에서 삭제하기	리스트에서 지정한 위치의 항목 삭제하기
	thing 항목을 자연수 ▼ 에 추가하기	리스트에 설정한 항목 추가하기
	자연수 ▼ 리스트의 항목 수	리스트의 항목 개수 보여주기
	1 ▼ 번째 자연수 ▼ 항목	리스트에서 지정한 위치의 항목 확인하기
변수	번호	변수 값 확인하기
	번호 ▼ 을(를) 0 로 정하기	변수 값을 설정한 값으로 정하기
	번호 ▼ 을(를) 1 만큼 바꾸기	변수 값을 설정한 값만큼 변경하기
말하기	Hello! 말하기	입력한 내용을 말풍선으로 보여주기

연산	 1 부터 100 사이의 난수	설정한 범위 안에서 임의의 정수 하나를 선택하기
	◻ > ◻	왼쪽 값이 오른쪽 값보다 크면 참(true)으로 반환하기
	hello 와 world 결합하기	입력한 두 개의 문자열 결합하기
제어	만약 (이)라면	조건이 참(true)인 경우 내부에 포함된 블록들을 실행하기
	10 번 반복하기	내부에 포함된 블록들을 설정한 횟수만큼 반복 실행하기

[스크립트 작성하기]

① 데이터 영역에서 "자연수" 리스트를 만든다. [데이터] 영역의 [리스트 만들기] 버튼을 클릭하여 [새로운 리스트] 창이 열리면 리스트 이름인 "자연수"를 입력한다.

② "최댓값"과 "번호" 변수도 만든다. [데이터] 영역의 [변수 만들기] 버튼을 클릭하여 [새로운 변수] 창이 열리면 변수 이름인 "최댓값"과 "번호"를 입력한다.

③ "자연수" 리스트에 저장된 값들이 지워지지 않기 때문에, 프로그램을 실행할 때마다 리스트에 저장된 모든 내용을 삭제해야 한다.

④ "자연수" 리스트에 컴퓨터로부터 1부터 100 사이 숫자 중 임의의 수 하나를 선택하여 "자연수" 리스트에 저장하는 과정을 10번 반복한다. [말하기] 블록을 연결하여 '최댓값을 찾아볼까요?'를 입력한다.

⑤ 고양이 스프라이트를 클릭하면 "자연수" 리스트에 저장된 10개의 정수 중에서 최 댓값을 구하는 과정이 실행되는데, 먼저 "최대값" 변수는 시작 값으로 0을, "번호" 변수는 시작 값을 1로 설정한다.

⑥ "자연수" 리스트의 첫 번째 수가 "최댓값" 수보다 크면 "자연수" 리스트의 첫 번째 수를 "최댓값"으로 설정한다. 한번의 비교가 끝나면 "자연수" 리스트의 위치를 가 리키는 "번호" 변수의 값을 1씩 증가시킨다. 이러한 반복 과정을 "자연수" 리스트 의 항목 수만큼 되풀이한다. "자연수" 리스트의 첫 번째 값에서부터 마지막 값까지 "최댓값"의 수와 비교하여 가장 큰 수를 최댓값으로 결정한다.

[완성된 스크립트]

```
클릭했을 때
모두▼ 번째 항목을 자연수▼ 에서 삭제하기
10 번 반복하기
    1 부터 100 사이의 난수 항목을 자연수▼ 에 추가하기
최댓값을 찾아볼까요? 말하기
```

```
이 스프라이트가 클릭될 때
최댓값▼ 을(를) 0 로 정하기
번호▼ 을(를) 1 로 정하기
자연수▼ 리스트의 항목 수 번 반복하기
    만약 번호 번째 자연수▼ 항목 > 최댓값 (이)라면
        최댓값▼ 을(를) 번호 번째 자연수▼ 항목 로 정하기
    번호▼ 을(를) 1 만큼 바꾸기
최대값은 와 최댓값 결합하기 말하기
```

예제 2   **근무 시간에 대한 임금 계산하기**

여행사에 근무하는 파트타임 직원들이 5명 있다. 이들의 일일 근무 시간에 대한 임금을 계산하는 스크래치 프로그램을 리스트를 이용하여 [그림 3-8]과 같이 작성하자. 근무 시간에 대한 임금 계산하기의 개발 과정을 문제 나누기, 알고리즘 만들기, 코딩하기 순으로 진행한다.

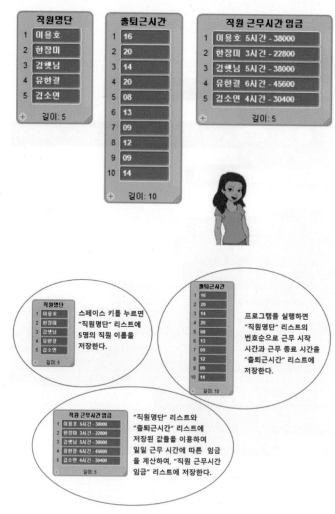

그림 3-8 근무 시간에 대한 임금 계산하기 프로그램의 구성

(1) 문제 나누기

여행사에 근무하는 5명의 파트타임 직원들의 일일 근무 시간에 대한 임금을 계산하는 문제의 해결 과정을 작은 단위로 나누어보자.

• 파트타임 직원의 이름을 입력 받아 "직원명단" 리스트에 저장한다.
• "직원명단" 리스트의 인덱스 순으로 근무 시작 시간과 근무 종료 시간을 입력 받아 "출퇴근시간" 리스트에 저장한다.
• "직원명단" 리스트와 "출퇴근시간" 리스트에 저장된 값들을 이용하여 일일 근무 시

간에 따른 임금을 계산하여 "직원근무시간임금" 리스트에 저장한다.

(2) 알고리즘 만들기

반복문과 리스트를 이용하여 직원 5명의 이름, 근무 시작 시간과 근무 종료 시간을 입력 받아 총 근무 시간을 계산하고 직원 별 일일 근무 시간에 따른 임금을 계산하는 과정을 알고리즘으로 정리하면 [그림 3-9]와 같다.

먼저 직원의 이름이 저장될 "직원명단" 리스트를 만들고 반복문을 이용하여 5명의 이름을 입력 받는다. 근무 시작 시간과 근무 종료 시간을 입력 받아 총 근무 시간이 저장될 "근무시간" 변수를 만들고 시작 값을 0으로 정한다. 시간당 임금이 저장될 "시급" 변수를 만들고 시작 값을 7600으로 정한다. "직원명단" 리스트의 인덱스를 가리키는 "인원" 변수를 만들고 시작 값을 1로 정한다.

"출퇴근시간" 리스트와 "직원근무시간임금" 리스트를 만든다. "직원명단" 리스트에 저장된 인덱스 순으로 근무 시작 시간을 입력 받아 "출퇴근시간" 리스트의 첫 번째 위치에 저장한다. "직원명단" 리스트에 저장된 인덱스 순으로 근무 종료 시간을 입력 받아 "출퇴근시간" 리스트의 두 번째 위치에 저장한다.

"출퇴근시간" 리스트의 두 번째 위치의 근무 종료 시간에서 첫 번째 위치의 근무 시작 시간을 빼서 총 근무 시간을 계산하여 "근무시간" 변수에 저장한다. "근무시간" 변수에 저장된 값과 "시급" 변수에 저장된 값을 계산하여 직원 별 일일 근무 시간에 대한 임금을 "직원근무시간임금" 리스트에 저장한다. 이 과정을 "직원명단" 리스트의 항목 수만큼 반복한다.

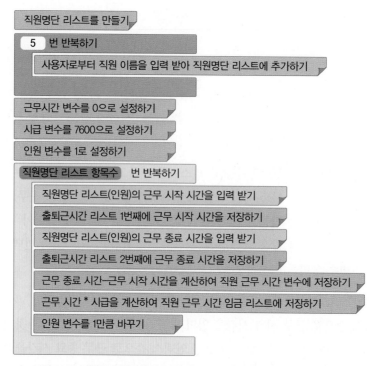

직원명단 리스트를 만들기

5 번 반복하기
> 사용자로부터 직원 이름을 입력 받아 직원명단 리스트에 추가하기

근무시간 변수를 0으로 설정하기

시급 변수를 7600으로 설정하기

인원 변수를 1로 설정하기

직원명단 리스트 항목수 번 반복하기
> 직원명단 리스트(인원)의 근무 시작 시간을 입력 받기
> 출퇴근시간 리스트 1번째에 근무 시작 시간을 저장하기
> 직원명단 리스트(인원)의 근무 종료 시간을 입력 받기
> 출퇴근시간 리스트 2번째에 근무 종료 시간을 저장하기
> 근무 종료 시간−근무 시작 시간을 계산하여 직원 근무 시간 변수에 저장하기
> 근무 시간 * 시급을 계산하여 직원 근무 시간 임금 리스트에 저장하기
> 인원 변수를 1만큼 바꾸기

그림 3-9 여행사 직원 5명의 일일 근무시간에 대한 임금 계산 알고리즘

(3) 코딩하기

알고리즘을 스크래치로 코딩해보자. 완성된 결과 화면을 보고 사용하는 블록들로 스크래치 스크립트를 만들어보자.

[완성된 결과 화면]

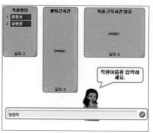

[사용하는 블록]

사용 블록	기능 설명
1▼ 번째 항목을 자연수▼ 에서 삭제하기	리스트에서 지정한 위치의 항목 삭제하기
thing 항목을 자연수▼ 에 추가하기	리스트에 설정한 항목 추가하기
자연수▼ 리스트의 항목 수	리스트의 항목 개수 보여주기
1▼ 번째 자연수▼ 항목	리스트에서 지정한 위치의 항목 확인하기
thing 을(를) 1▼ 번째 list▼ 에 넣기	지정한 위치에 사용자가 입력한 항목을 리스트에 추가하기
thing 항목을 자연수▼ 에 추가하기	변수 값 확인하기
thing 항목을 자연수▼ 에 추가하기	변수 값을 설정한 값으로 정하기
thing 항목을 자연수▼ 에 추가하기	변수 값을 설정한 값만큼 변경하기
What's your name? 묻고 기다리기	묻고 사용자가 답할 때까지 기다리기. 말풍선에 질문을 보여주고 사용자가 질문에 대한 답을 입력할 때까지 기다리기
대답	What's your name? 묻고 기다리기 에서 사용자가 답한 내용을 대답 블록에 저장하기
◯ - ◯	두 수의 차이 구하기
hello 와 world 결합하기	입력한 두 개의 문자열 결합하기
10 번 반복하기	내부에 포함된 블록들을 설정한 횟수만큼 반복 실행하기

리스트 / 변수 / 관찰 / 연산 / 제어 (좌측 카테고리 열)

[스크립트 작성하기]

① [데이터] 영역에서 "직원명단" 리스트를 만든다. [데이터] 영역의 [리스트 만들기] 버튼을 클릭하여 [새로운 리스트] 창이 열리면 리스트 이름인 "직원명단"을 입력한다. "출퇴근시간" 리스트와 "직원근무시간임금" 리스트도 함께 만든다.

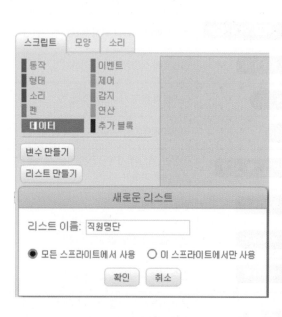
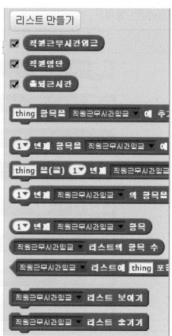

② "근무시간"과 "시급", "인원" 변수도 만든다. [데이터] 영역의 [변수 만들기] 버튼을 클릭하여 [새로운 변수] 창이 열리면 변수 이름인 "근무시간"과 "시급", "인원"을 입력한다.

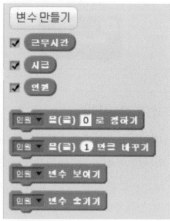

③ 먼저 "직원명단" 리스트에 저장된 모든 내용을 삭제한다. 사용자에게 5명의 직원 이름을 입력 받기 위해서는 [관찰] 영역의 [~묻고 기다리기]와 [대답] 블록을 활용하여 사용자가 입력한 값을 순서대로 "직원명단" 리스트에 저장한다. [반복하기] 블록을 이용하여 5번 반복한다.

```
스페이스 ▼ 키를 눌렀을 때
모두 ▼ 번째 항목을 직원명단 ▼ 에서 삭제하기
5 번 반복하기
    직원이름을 입력하세요. 묻고 기다리기
    대답 항목을 직원명단 ▼ 에 추가하기
```

④ ▶을 클릭하면 직원 별 일일 근무 시간과 임금을 계산하는 과정이 실행되는데, "근무시간" 변수는 시작 값을 0으로, "시급" 변수는 시작 값을 7600으로 정하고, "인원" 변수는 1로 정한다. 또한 "출퇴근시간" 리스트와 "직원근무시간임금" 리스트의 모든 내용을 삭제한다.

```
클릭했을 때
근무시간 ▼ 을(를) 0 로 정하기
시급 ▼ 을(를) 7600 로 정하기
인원 ▼ 을(를) 1 로 정하기
모두 ▼ 번째 항목을 출퇴근시간 ▼ 에서 삭제하기
모두 ▼ 번째 항목을 직원 근무시간 임금 ▼ 에서 삭제하기
```

⑤ 사용자에게 "직원명단" 리스트의 순서대로 근무 시작 시간과 근무 종료 시간을 입력 받기 위해서 [~묻고 기다리기]와 [대답] 블록을 활용한다. 먼저 근무 시작 시간을 입력 받아 "출퇴근시간" 리스트의 첫 번째 위치에 저장하고, 근무 종료 시간을 입력 받아 "출퇴근시간" 리스트의 두 번째 위치에 저장한다. "출퇴근시간" 리스트의 두 번째 위치 값인 근무 종료 시간에서 첫 번째 위치 값 근무 시작 시간을 빼서 총 근무 시간을 계산하여 "근무시간" 변수에 저장한다.

⑥ "근무시간" 변수에 저장된 근무 시간과 "시급" 변수에 저장된 시간당 임금을 곱해 직원 별 일일 근무 시간에 대한 임금을 "직원근무시간임금" 리스트에 '직원이름 근무시간 임금' 순서로 저장한다. [~ 번 반복하기] 블록을 이용하여 "직원명단" 리스트의 항목 수만큼 ⑤~⑥ 과정을 반복한다.

[완성된 스크립트]

3.2 함수

작은 조각의 레고 블록이 모여 거대한 완성품이 만들어지듯이 규모가 큰 소프트웨어도 작은 프로그램들이 모여서 이루어진다. 큰 규모의 소프트웨어는 기능별로 임무별로 나누어 만들 수밖에 없다. 8장에서 소프트웨어 개발 과정과 개발된 소프트웨어의 구조에 대해 배울 것이다.

가장 작은 단위의 프로그램을 함수라고 한다. 이 장에서는 하청 프로그램(함수, function)과 하청 주기(함수 호출, function call)에 대해 알아보고 스크래치로 예제를 다루어 본다.

한 개의 프로그램은 해결하고자 하는 업무를 작은 단위로 나눈 여러 개의 함수로 구성된다. 함수는 프로그램에서 필요한 업무를 하청받아 처리해준다. 다양한 업무에 공통적으로 필요한 함수는 함수 도서관(function library)에 저장하여, 누구나 사용할 수 있다. 프로그램을 개발 할 때 이러한 검증된 함수를 활용하면 다시 작성할 필요가 없어 개발 시간을 단축할 수 있다.

3.2.1 문제 나누기

함수의 기본은 문제 나누기라고 볼 수 있다. 크고 복잡한 문제를 작게 나누려면 어떻게 해야 하는지 알아보자. 유머 중에 "코끼리를 냉장고에 넣는 방법"에 대해 들어 보았을 것이다.

- 1단계: 냉장고 문을 연다.
- 2단계: 냉장고에 코끼리를 넣는다.
- 3단계: 냉장고 문을 닫는다.

덩치 큰 코끼리를 작은 냉장고에 넣을 수 있는 뜻밖의 답을 듣고 문제 나누기의 필요성을 알게 하는 유머이다. 커다란 문제를 해결하려면 문제의 본질을 파악하고 작게 나누기를 통해 해결 하게 된다.

우리는 의식적이든 무의식적이든 문제 나누기를 생활화하고 있다. 보고서를 작성할 때 여러 파트로 나누어 작성하는 일, 시험 준비를 위해 시간을 나누어 스케줄을 작성하고 공부하는 일 등 생활 속에서 실천하고 있다.

문제 나누기 과정을 출장 준비로 알아보자. 내가 바쁜 회사 일과 해외출장 일정이 겹쳤다. 어떻게 하면 회사 일을 하면서 출장 준비도 할 수 있을까? 우선 내 일을 나누는 것이다. 출장 준비와 무관한 회사 일과 출장 준비를 위한 일로 나눈다. 다음은 출장 준비를 여권 준비하기, 비행기표 예약하기, 렌터카 예약하기, 호텔 예약하기 등으로 다시 나눈다. ([그림 3-10] 참조).

회사 일정	출장 준비 일정
회사일	여권 준비하기
	비행기표 예약하기 렌터카 예약하기
	호텔 예약하기

그림 3-10 회사에서 일하는 모습

시간이 부족할 때는 내가 할 수 있는 일과 남에게 의뢰해도 되는 일로 나누고, 의뢰해도 되는 일은 할 수 있는 누군가에게 부탁하고 그 결과만 받으면 된다.

3.2.2 함수

함수를 알아보기 전에 해외출장 준비를 남에게 의뢰하는 과정을 생각해보자.

1. 해외출장 준비에 필요한 일을 [그림 3-11]과 같이 정리해보자.

1. 여권 준비하기
 • 신청하기
 • 회수하기
2. 호텔 예약하기
 • 위치 정하기
 • 비용 알아보기
3. 이동수단 예약하기
 • 비행기 예약
 • 렌터카와 기차 예약
4. 출장관련 서류 준비하기
 • 서류 준비
 • 결재 받기

출장 준비는 복잡해!

그림 3-11 출장 준비 목록

2. 목록을 보니 내가 할 수 있는 일과 남에게 부탁해도 되는 일이 구분이 된다. [그림 3-12]와 같이 목록을 나누어보자.

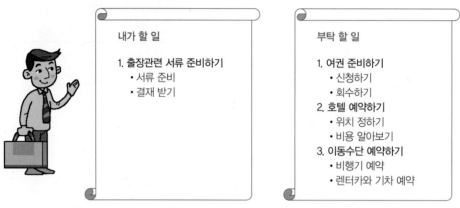

그림 3-12 내가 할 일과 부탁할 일 나누어 보기

3. 부탁할 일을 [그림 3-13]과 같이 함께여행사에 의뢰하기로 한다. 함께여행사가 필요한 것이 무엇인지 알아보자.

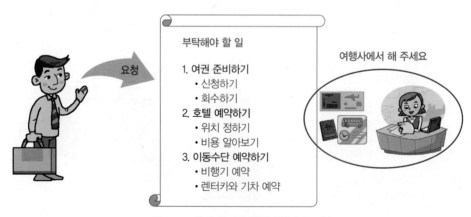

그림 3-13 출장 준비를 함께여행사에 요청

4. 예약을 대신 하려면 필요한 사진과 연락처, 출장 지역과 예약 경비의 예산이 필요하다고 한다. 준비해서 여행사에 전달한다([그림 3-14] 참조).

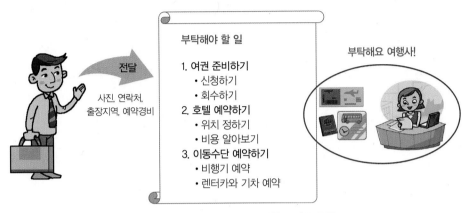

그림 3-14 함께여행사에 전달할 준비물 목록

5. 함께여행사에 부탁했던 일이 모두 끝났다. 여권은 택배로, 예약 서류는 이메일로 받기로 했다([그림 3-15] 참조). 이렇게 일을 분담하니 빠르고 편하게 마칠 수 있다.

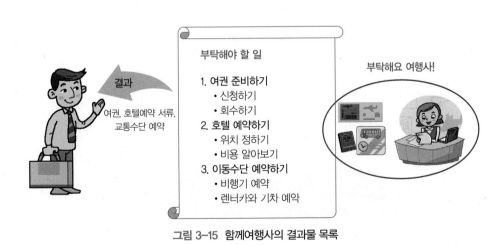

그림 3-15 함께여행사의 결과물 목록

프로그램을 만들 때도 출장 가기처럼 처리해야 할 업무를 작게 나누어 분담할 수 있다. 업무를 의뢰 받아 처리해 주는 작은 단위의 프로그램을 함수라고 한다. 함수는 제한적인 업무만 받아 처리한다. 마치 대기업이 수많은 협력업체에 특정 업무를 분담 처리하듯이, 큰 프로그램도 수많은 함수 프로그램으로 구성되어 있다.

프로그램에서 동일한 일을 여러 번 처리하는 두 가지 방법이 있다. 첫 번째는 반복하기 문장을 사용하는 것이다. 두 번째는 반복되는 부분을 함수로 만드는 것이다. 물론 함수를 만들더라도 반복 블록을 사용하는 것은 필요하다. 프로그램에서 함수에 업무 처리를 요청하려면 몇 가지 필요한 것이 있다. 함수의 이름, 함수에 전달할 입력 값 (파라미터, parameter), 그리고 함수로부터 받을 출력 값(리턴 값, return value)이다. 이 세 가지에 대해 알아보자.

(1) 함수의 이름

출장 준비에 필요한 여러 개의 요청사항을 여행사에 이메일로 전달하려고 한다. 요청 사항마다 적합한 제목을 주고, 내용에 여행사가 해야 할 일을 자세히 작성한다.

예를 들면, 제목에는 "비행기 예약", 내용에는 "4월 27일자로 유한결의 비행기 예약해 주세요"로 보낸다. 또한 새로운 메일의 제목으로 "호텔 예약", 내용에는 "4월 28일자로 유명호텔 1박을 유한결 이름으로 예약해 주세요"로 보낸다. 여행사가 한 건의 이메일마다 처리 결과에 대한 답변 메일을 준다면 한 일과 해야 할 일을 관리하기 편하고 일의 진행도 파악하기 쉬울 것이다.

마찬가지로 이메일의 제목처럼 여러 개의 함수에도 중복되지 않는 이름을 주어야 적절한 함수를 사용할 수 있다. 여행사에서는 "비행기 예약하기", "호텔 예약하기" 또는 "렌터카 예약하기"와 같은 이름으로 함수를 만들어 고객의 요청이 있을 때마다 간단히 사용한다. [그림 3-16]은 스크래치로 파라미터가 없는 함수를 작성한 것이다.

그림 3-16 파라미터가 없는 스크래치 함수

함수는 필요한 만큼 여러 번 사용할 수 있으며, 파라미터가 없는 함수는 이름만으로 호출한다. [그림 3-17]의 블록은 2건의 비행기 예약과 2건의 호텔 예약을 한다.

그림 3-17 파라미터가 없는 스크래치 함수 호출

(2) 함수의 파라미터

함께여행사에는 많은 고객들이 출장 준비를 해 달라고 요청이 온다. 어떤 고객은 비행기 예약만, 어떤 고객은 호텔 예약만, 어떤 고객은 비행기와 호텔 모두 예약을 요청한다. 고객이 예약을 의뢰할 때마다 별도의 함수를 만든다면 매우 많은 함수가 만들어져야 한다.

함수에 고객 이름을 전달한다면 하나의 함수로도 모든 고객의 요청을 처리할 수 있다. [그림 3-18]과 같이 "비행기 예약하기"와 "호텔 예약하기" 함수에 고객 이름을 전달할 수 있도록 파라미터를 지정한다.

함수에 파라미터 만들기

그림 3-18 "이름" 파라미터가 있는 스크래치 함수

[그림 3-19]와 같이 함수 호출은 각각 "한장미"와 "유한결"의 이름을 파라미터로 전달하여 비행기와 호텔의 예약을 한다.

그림 3-19 파라미터가 있는 스크래치 함수 호출

(3) 함수의 리턴 값

함께여행사에서 비행기 예약도 끝나고, 호텔 예약도 모두 마쳤다. 그럼 비행기 티켓과 호텔 예약 확인증 같은 서류를 요청한 고객에게 인쇄물 또는 파일의 형태로 전달해야 한다.

함수에서도 결과물인 리턴 값이 있으면 값을 전달하고 함수를 끝낸다. 리턴 값이 없는 경우 전달은 생략하며 함수를 끝낸다. 참고로 스크래치에서는 교육용 프로그램의 한계로 함수에서 리턴 값을 전달할 수 없다. 꼭 전달할 값이 있으면 변수 등을 사용하면 된다. 하지만 대부분의 컴퓨터 언어는 리턴 값을 돌려주는 기능이 있다.

앞으로 함께여행사는 호텔의 조식 서비스도 예약을 받으려고 한다. 호텔 예약하기 함수에 "조식여부" 파라미터를 추가한다. 함수의 호출은 파라미터의 순서대로 고객 이름과 조식여부(예 또는 아니오) 값을 전달한다. "한장미" 고객은 호텔 예약과 조식 서비스를 예약하고, "유한결" 고객은 호텔만 예약한다([그림 3-20] 참조).

그림 3-20 스크래치 함수에 파라미터 추가하기

3.2.3 스크래치로 배우는 함수

여행사에 출장 준비를 의뢰하고 출장을 다녀오는 예제와 마법사를 클릭하면 다양한 색상과 크기의 별을 그리는 예제를 스크래치로 코딩해보자.

예제 1 **출장 다녀오기**

출장 준비를 여행사에 부탁하려고 한다. 여행사가 출장지를 물으면 키보드 입력으로 알려준다. 그러면 여행사는 가지고 있는 데이터를 탐색하여 출장지에서 가까운 호텔의 위치 정보를 찾아 변수에 저장한다. 위치 정보는 스크래치 화면의 좌표 위치를 말한다.

고객이 여행사에서 제공한 위치 정보를 이용해 출장을 다녀오는 스크래치 프로그램을 [그림 3-21]과 같이 작성해보자. 출장 다녀오기의 개발 과정을 문제 나누기, 알고리즘 만들기, 코딩하기 순으로 진행한다.

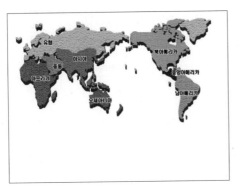 

그림 3-21 출장 다녀오기 구성

(1) 문제 나누기

여행사는 출장 예약을 대행하기 위한 많은 정보를 가지고 있다. 그래서 출장 준비를 여행사에 요청하고 그 결과로 출장을 다녀오는 문제를 작은 단위로 나누어보자.

• 여행사는 고객에게 출장지가 어디인지 묻는다.
• 고객은 키보드로 출장지를 입력한다.
• 여행사는 축적된 자료로 출장지 주변 호텔의 위치 정보를 변수에 저장한다.
• 여행사는 요청 받은 일이 끝났음을 알린다.
• 고객은 위치 정보를 이용해 출장을 떠난다.
• 고객은 출장을 마치고 돌아온다.
• 이상의 작업을 계속 반복한다.

(2) 알고리즘 만들기

여행사는 출장지에서 가까운 호텔의 위치
정보를 알려주는 일을 고객의 요청이 있
을 때마다 한다. 그래서 이 일을 담당하는
함수를 만들려고 한다. 함수를 만들기 전
에 여행사가 가지고 있는 여행정보를 리
스트에 준비한다.

index	hotspot	x	y
1	아프리카	-163	43
2	유럽	-87	126
3	중동	-137	72
4	아시아	-83	77
5	오세아니아	-36	2
6	북아메리카	103	95
7	중앙아메리카	117	54
8	남아메리카	150	13

호텔의 위치 정보를 찾는 과정을 알아보
자. "hotspot" 리스트에서 아프리카 지역은 인덱스가 1이므로 아프리카 호텔의 가로
위치는 "x" 리스트의 1번 인덱스 값인 -163, 세로 위치는 "y" 리스트의 1번 인덱스 값
인 43이다. 아시아 지역은 인덱스가 4이므로 아시아 호텔의 가로 위치는 -83, 세로
위치는 77이다.

함수의 이름은 "위치 정보 찾기"로 한다. 호텔의 위치 정보를 알려면 지역 이름이 반
드시 필요하므로 함수의 파라미터는 "지역 이름"으로 한다.

함수의 리턴 값은 위치 정보인 가로(x좌표)와 세로(y좌표)
의 값이다. 일반적인 컴퓨터 언어는 리턴 값을 돌려주는 리
턴(return)문이 있다. 하지만 스크래치는 리턴 블록이 없
다. 그래서 "가로"와 "세로" 변수를 만들어 위치 정보를 저장한다. 변수 만들기는 2.3
변수를 참고한다.

여행사의 "위치 정보 찾기" 알고리즘은 [그림 3-22]와 같다.

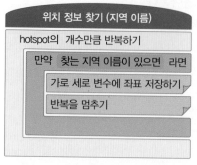

그림 3-22 "위치 정보 찾기" 알고리즘

(3) 코딩하기

알고리즘을 스크래치로 코딩해보자. 완성된 결과 화면을 보고 사용하는 블록들로 스크래치 스크립트를 만들어보자.

[완성된 결과 화면]

[사용하는 블록]

사용 블록		기능 설명
변수	var	변수 값 확인하기
	var ▼ 을(를) 0 로 정하기	변수 값을 설정한 값으로 정하기
	var ▼ 을(를) 1 만큼 바꾸기	변수 값을 설정한 값만큼 변경하기
	1 ▼ 번째 list ▼ 항목	리스트에서 지정한 위치의 항목 확인하기
	list ▼ 리스트의 항목 수	리스트의 항목 개수 보여주기
	list ▼ 리스트에 thing 포함되었는가?	리스트에 지정한 항목이 있는지 확인하기
관찰	What's your name? 묻고 기다리기	묻고 사용자가 답할 때까지 기다리기. 말풍선에 질문을 보여주고 사용자가 질문에 대한 답을 입력할 때까지 기다리기
	대답	What's your name? 묻고 기다리기 에서 사용자가 답한 내용을 대답 블록에 저장하기
추가블록	위치 정보 찾기 [ ]	새로운 블록을 파라미터와 함께 호출하기
	정의하기 위치 정보 찾기 지역 이름	새로운 블록 만들기

제어	**10 번 반복하기**	내부에 포함된 블록들을 설정한 횟수만큼 반복 실행하기
	메시지1 ▼ 을(를) 받았을 때	설정한 메시지를 받으면 아래에 연결된 블록들을 실행하기
	메시지1 ▼ 방송하기	모든 스프라이트에 메시지를 보내고 다음 동작을 즉시 실행하기

[스크립트 작성하기]

▶ "위치 정보 찾기" 함수 스크립트

① 추가블록 영역에서 블록 만들기 버튼으로 함수 만들기를 하자. "위치 정보 찾기" 함수 이름과 "지역 이름" 파라미터로 새로운 블록을 만든다. 블록 만들기가 끝나면 이벤트 블록처럼 위쪽이 둥근 [위치 정보 찾기] 블록이 스크립트 영역에 생긴다. 이 블록 아래에 위치 값을 찾기 위한 코딩을 할 것이다.

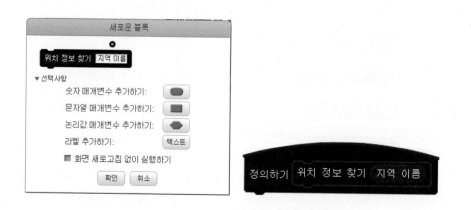

② 출장지가 "hotspot" 리스트에 있는지, 있다면 몇 번째에 있는지 알기 위해 인덱스 값으로 "hotspot" 리스트의 시작부터 끝까지 탐색하는 반복 블록이다.

③ "hotspot" 리스트의 첫 번째 항목부터 "지역 이름" 파라미터와 같은지를 판단하는
블록이다. 같으면 "x"와 "y" 리스트에서 같은 인덱스에 있는 값을 가로와 세로 변
수에 저장하고 스크립트를 멈춘다. 이 블록을 [~번 반복하기] 블록의 안쪽에 쌓
는다.

④ "위치 정보 찾기" 함수의 전체 블록이다. "hotspot" 리스트의 항목을 순서대로 비
교하여 "지역 이름"과 같으면 가로와 세로 변수에 위치 정보를 저장하고, 같지 않
으면 인덱스를 1만큼 증가시킨다.

```
정의하기  위치 정보 찾기  지역 이름

인덱스 ▼ 을(를) 1 로 정하기
hotspot ▼ 리스트의 항목 수 번 반복하기
  만약  지역 이름 = 인덱스 번째 hotspot ▼ 항목  (이)라면
    가로 ▼ 을(를)  인덱스 번째 x ▼ 항목  로 정하기
    세로 ▼ 을(를)  인덱스 번째 y ▼ 항목  로 정하기
    이 스크립트 ▼ 멈추기

  인덱스 ▼ 을(를) 1 만큼 바꾸기
```

▶ 여행사 스크립트

⑤ 완성된 "위치 정보 찾기" 함수를 사용하여 여행사의 일을 해보자. 먼저 [묻고 기다리기] 블록으로 출장지를 입력받는다. 입력한 값은 [대답] 블록에 저장된다. [대답] 블록의 값이 "hotspot" 리스트에 없으면 서비스할 수 없다고 말하고, 있으면 [대답] 블록을 파라미터로 전달하며 [위치 정보 찾기] 블록을 호출한다. 그러면 가로와 세로 변수에는 호텔의 위치 정보가 저장된다. "예약 끝" 방송으로 고객에게 출장 갈 수 있음을 알린다. 고객이 출장을 다녀오길 기다린 후 같은 작업을 계속 반복한다.

```
클릭했을 때
무한 반복하기
  출장지역을 입력하세요 묻고 기다리기
  만약  hotspot ▼ 리스트에 대답 포함되었는가?  (이)라면
    위치 정보 찾기 대답
    예약 끝 ▼ 방송하고 기다리기
  아니면
    서비스 지역이 아닙니다 을(를) 2 초동안 말하기
```

▶ 고객 스크립트

⑥ 고객은 "예약 끝" 방송을 들으면 여행사의 예약이 끝났음을 알고, 가로와 세로 변
수의 호텔 위치 정보로 출장을 갔다 되돌아온다.

```
예약 끝 ▼ 을(를) 받았을 때
2 초 동안 x: 가로 y: 세로 으로 움직이기
0.5 초 기다리기
1 초 동안 x: 50 y: -50 으로 움직이기
```

[완성된 스크립트]

▶ 여행사 스크립트

```
클릭했을 때
무한 반복하기
  출장지역을 입력하세요 묻고 기다리기
  만약 hotspot ▼ 리스트에 대답 포함되었는가? (이)라면
    위치 정보 찾기 대답
    예약 끝 ▼ 방송하고 기다리기
  아니면
    서비스 지역이 아닙니다 을(를) 2 초동안 말하기
```

▶ 고객 스크립트

예제 2 **마법사가 별 그리기**

마법사를 클릭할 때마다 마술봉으로 하늘에 5개의 별을 크기와 색깔을 바꿔서 그리는 예제를 스크래치로 코딩해보자([그림 3-23] 참조). 마법사가 별 그리기 개발 과정을 문제 나누기, 알고리즘 만들기, 코딩하기 순으로 진행한다.

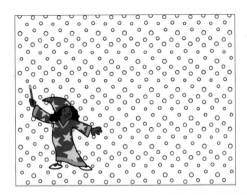

그림 3-23 마법사가 하늘에 별 그리기

(1) 문제 나누기

5개의 별을 색깔과 크기가 다양하게 그리는 문제를 해결하기 위해서 작은 단위로 나누어보자.

- 펜의 색깔을 준비한다.
- 펜을 내린다.
- 펜으로 정해진 크기의 별을 그린다.
- 펜을 올린다.
- 이상의 작업을 5번 반복한다.

(2) 알고리즘 만들기

별을 그리는 방법은 2장의 도형 그리기를 참조한다. 별을 그리는 동일한 작업을 5번 반복해야 한다. 반복 블록을 사용하는 방법과 함수를 사용하는 방법이 있다. 이번 장에서는 별을 그리는 "별 그리기" 함수를 만든다. 크기와 색깔이 다른 별을 그리려면 별 크기만큼의 이동 거리와 펜의 색깔이 필요하다. 그래서 "별의 크기"와 "색깔"을 파라미터로 한다. 별을 그리기만 하면 되므로 함수의 리턴 값은 필요치 않다. 지금까지의 과정을 정리하면 "별 그리기" 알고리즘은 [그림 3-24]와 같다.

별 그리기 (별의 크기, 색깔)
펜의 색깔 정하기
펜 내리기
정해진 크기의 별 그리기
펜 올리기

그림 3-24 "별 그리기" 알고리즘

(3) 코딩하기

알고리즘을 스크래치로 코딩해보자. 완성된 결과 화면을 보고 사용하는 블록들로 스크래치 스크립트를 만들어보자.

[완성된 결과 화면]

[사용하는 블록]

사용 블록		기능 설명
연산	1 부터 10 사이의 난수	설정한 범위 안에서 임의의 정수 하나를 선택하기
추가블록	별 그리기 1 1	새로운 블록을 파라미터와 함께 호출하기
	정의하기 별 그리기 별의 크기 색깔	새로운 블록 만들기
펜	펜 올리기	스프라이트의 펜을 올려 이동 경로가 나타나지 않게 하기
	펜 내리기	스프라이트의 펜을 내려 이동 경로가 나타나게 하기
	펜 색깔을 0 (으)로 정하기	펜 색깔을 설정한 값으로 정하기

제어	10 번 반복하기	내부에 포함된 블록들을 설정한 횟수만큼 반복 실행하기
	메시지1 ▼ 을(를) 받았을 때	설정한 메시지를 받으면 아래에 연결된 블록들을 실행하기
	메시지1 ▼ 방송하기	모든 스프라이트에 메시지를 보내고 다음 동작을 즉시 실행하기

[스크립트 작성하기]

▶ "별 그리기" 함수 스크립트

① 추가 블록 영역의 블록 만들기에서 이름이 "별 그리기"이고 파라미터는 "별의 크기"와 "색깔"인 함수를 만든다. 파라미터는 모두 숫자를 전달할 예정이다.

② 난수를 사용하여 그리기 시작 위치를 결정한다. x축은 −230부터 230 사이로, y축은 −150부터 150 사이로 정한다. 펜의 색상은 "색깔" 파라미터로 지정한다.

③ 위치와 색깔이 결정되면 펜을 내려 그리기를 시작한다. 별은 144도를 회전하며 "별의 크기" 파라미터만큼 움직이기를 5회 반복하면 정해진 크기와 색깔의 별이 그려진다. 별을 다 그린 후 그리기를 멈춘다. 이 블록을 [별 그리기] 블록에 이어서 작성한다.

```
펜 내리기
5 번 반복하기
    ↻ 144 도 돌기
    별크기 만큼 움직이기
펜 올리기
```

▶ 마법사 스크립트

④ 마법사를 클릭하면 "아브라카다브라~"라고 주문을 말하고, 마술봉에 마법이 시작되었음을 [~ 방송하기] 블록으로 알린다.

```
이 스프라이트가 클릭될 때
아브라카다브라~ 을(를) 1 초동안 말하기
마법을 시작 ▼ 방송하기
```

▶ 마술봉 스크립트

⑤ 마술봉은 "마술을 시작" 방송을 들으면 [별 그리기] 블록을 호출한다. 펜의 굵기는 5로 하며, 별의 크기는 50에서 100 사이의 난수를, 색상은 0부터 255 사이의 난수를 사용하여 파라미터로 전달한다. [별 그리기] 블록을 5회 반복하여 5개의 별을 그린다.

```
마법을 시작 ▼ 을(를) 받았을 때
펜 굵기를 5 (으)로 정하기
5 번 반복하기
    별 그리기 50 부터 100 사이의 난수  0 부터 255 사이의 난수
```

[완성된 스크립트]

▶ 마법사 스크립트

이 스프라이트가 클릭될 때
아브라카다브라~ 을(를) 1 초동안 말하기
마법을 시작 ▼ 방송하기

▶ 마술봉 스크립트

마법을 시작 ▼ 을(를) 받았을 때
펜 굵기를 5 (으)로 정하기
5 번 반복하기
    별 그리기 50 부터 100 사이의 난수 0 부터 255 사이의 난수

정의하기 별 그리기 별의 크기 색깔
x: -230 부터 230 사이의 난수 y: -150 부터 150 사이의 난수 로 이동하기
펜 색깔을 색깔 (으)로 정하기
펜 내리기
5 번 반복하기
    ↻ 144 도 돌기
    별의 크기 만큼 움직이기
펜 올리기

3.3. 분산 및 병렬 처리

크고 복잡한 문제는 혼자하기보다는 여럿이 나누어 동시에 처리하면 빠르고 쉽게 마칠 수 있다. 이를 업무 분담 또는 동시 처리(분산 및 병렬 처리, distributed and parallel processing)라고 한다. 실생활에서 순차 처리와 분산 및 병렬 처리의 사례를 알아보고 스크래치로 코딩해보자.

3.3.1 분산 및 병렬 처리

일상에서 업무를 나누는 방법은 두 가지가 있다. 처리 할 업무가 여러 개 있을 때, 한 사람이나 한 조직에서 모두 처리하지 않고, 업무를 나누어 여러 사람이나 여러 조직이 동시에 처리한다. 또는 한 개의 업무를 여러 사람이나 조직이 나누어 처리하는 것이다 ([그림 3-25] 참조). 이와 마찬가지로 컴퓨터 시스템으로 일을 처리할 때도 많은 일을 처리하거나 많은 양의 데이터를 처리하려면, 여러 대의 컴퓨터에서 일을 나누어 처리한다([그림 3-26] 참조).

그림 3-25 실생활에서의 분산 처리 　　　그림 3-26 컴퓨터 시스템의 분산 처리

일반적으로 서로 다른 업무를 여러 컴퓨터로 나누어 동시에 처리하거나, 한 개의 업무를 여러 개의 작은 업무로 나누어 여러 컴퓨터에서 동시에 처리할 수 있다. 두 경우 다 분산 처리 방식이다. 일반적으로 한 개의 업무를 작은 업무로 나누어 여러 컴퓨터에서 동시에 처리하는 경우를 분산 및 병렬 처리라고 한다. 이 장에서는 분산 처리의 특별 케이스인 분산 및 병렬 처리에 대해 알아본다.

2016년 3월에 사람들이 컴퓨터에 대한 두려움으로 이를 계속 발전시켜도 괜찮은 것인지 걱정하는 획기적인 사건이 있었다. 바로 이세돌 기사와 알파고(AlphaGo)의 바둑에서([그림 3-27] 참조) 바둑 인공지능 프로그램인 알파고가 이세돌을 이겼기 때문이다.

그림 3-27 이세돌과 알파고의 바둑대결

컴퓨터가 인간을 이긴 것은 이것이 처음은 아니었다. 과거에는 IBM의 딥블루(Deep Blue)가 체스(chess) 세계 챔피언을 이긴 적도 있었다([그림 3-28] 참조). 1997년 딥블루의 승리 때만 해도 컴퓨터의 속도가 빨라지고 메모리 용량이 커짐에 따라 얻은 하드웨어의 승리였다. 바둑은 체스보다 경우의 수가 훨씬 많아 컴퓨터가 사람을 이기려면 100년쯤 걸릴 것으로 예상했었다.

그림 3-28 인공지능 컴퓨터 "딥블루"와의 체스 대결

알파고는 몬테카를로(Monte Carlo) 알고리즘과 딥러닝(Deep Learning) 알고리즘으로 무장하여 사람처럼 스스로 학습할 수 있는 상태에 이르렀다. 이런 알고리즘을 뒷받침하려면 엄청난 속도가 필요하다. 필요한 속도를 내기 위해 매우 많은 컴퓨터가 동시에 계산해야 한다.

알파고는 동시에 1,000개 이상의 명령 처리 장치를 이용했으며 우수한 바둑 프로그램과 총 500번의 대국을 치렀다. 대국의 결과는 알파고가 499승 1패로 이전 버전보다 훨씬 강해진 상태였다. 컴퓨터를 동시에 가동하지 않았다면 불가능했을 일이다. 알파고는 대표적인 분산 및 병렬 처리 소프트웨어를 사용했다.

3.3.2 분산 및 병렬 처리의 사례

업무 처리하는 방식을 알아보자. 해야 할 일들을 작성하고 순서대로 하나씩 처리하는 순차 처리 방식과 할 일을 나누어 여럿이서 동시에 처리하는 분산 및 병렬 처리 방식이 있다.

예를 들어 넓은 운동장에 쌓인 눈을 치우는 작업에 대해 생각해보자. [그림 3-29]와 같이 혼자 삽을 들고 눈을 치우는 것은 힘도 들고 시간도 많이 걸린다. 반면에 [그림 3-30]과 같이 여러 명이 동시에 눈을 치우면 힘도 덜 들고 일도 빨리 끝날 것이다.

이처럼 커다란 규모의 일을 할 때는 순차 처리보다는 일을 작게 나누어서 분산 및 병렬 처리로 하는 것이 바람직하다. 단지 많은 사람을 모으는 것이 어려울 수는 있을 것이다.

그림 3-29 혼자서 눈 치우기

그림 3-30 여럿이 동시에 눈 치우기

업무 혼자 처리와 분산 및 병렬 처리의 예를 실생활에서 좀더 알아보자.

- 많은 고객에게 한 곳의 카운터에서 순서대로 서비스 하기와 여러 곳에 카운터를 열어 동시에 서비스하기
- 추석에 귀성하는 차들이 한 줄의 도로를 이용하기와 다섯 줄의 도로를 이용하기
- 잃어버린 강아지를 혼자 찾기와 4인 가족이 방향을 나누어 찾기

분산 및 병렬 처리에 대한 개념을 출장 준비하는 과정으로 이해해보자. 회사 일과 출장 일을 나누는 과정은 3.2 함수에서 알아 보았다. 출장 준비를 함께여행사에 의뢰하고자 했는데 일이 많아서 시간이 오래 걸린다고 한다. 그래서 [그림 3-31]과 같이 함께여행사에는 호텔과 비행기 예약만 부탁하고 편한여행사에 여권을 준비해 달라고 일을 나누었다. 예약과 여권은 나누어서 준비해도 문제가 없기 때문이며 두 여행사가 동시에 처리한다면 출장 준비를 일찍 마칠 수 있다. 이런 방법을 분산 및 병렬 처리라고 한다.

그림 3-31 2개의 여행사가 동시에 출장 준비하기

3.3.3 스크래치로 배우는 분산 및 병렬 처리

두 명이 함께 청소하는 예제와, 늑대, 양 및 양배추를 무사히 강의 반대편으로 옮기는 예제를 스크래치로 코딩해보자.

오늘은 마루 청소를 하는 날이다. 혼자 청소하는 친구를 도와 둘이 나누어 하면 훨씬 힘도 덜 들고 청소도 빨리 끝난다. 함께 청소하기 예제를 스크래치로 코딩해보자([그림 3-32] 참조). 함께 청소하기 개발 과정을 문제 나누기, 알고리즘 만들기, 코딩하기 순으로 진행한다.

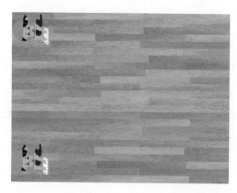

앞뒤로 이동하며 청소를 한다

친구를 도와 같이 청소한다

그림 3-32 함께 청소하기 구성

(1) 문제 나누기

유한결이 청소하는 모습을 나누어보자.

- 청소할 시작 지점과 오른쪽 방향으로 이동할 준비를 한다.
- 조금 앞으로 이동한다.
- 청소하며 지나간 자리는 하얀색으로 표시한다.
- 양쪽 벽에 닿으면 반대 방향으로 돌며 약간 아래 방향을 향한다.
- 이용호와 만나면 청소를 멈춘다.
- 위의 작업을 청소가 끝날 때까지 반복한다

이번에는 이용호가 청소하는 모습을 나누어보자.

- 청소하는 모습을 지켜보다 같이 하기로 한다.
- 청소할 시작 지점과 오른쪽 방향으로 이동할 준비를 한다.
- 조금 앞으로 이동한다.

- 청소하며 지나간 자리는 하얀색으로 표시한다.
- 양쪽 벽에 닿으면 반대 방향으로 돌며 약간 위쪽 방향을 향한다.
- 유한결과 만나면 청소를 멈춘다.
- 위의 작업을 청소가 끝날 때까지 반복한다.

(2) 알고리즘 만들기

유한결은 마루의 위쪽에 자리를 잡고 조금씩 아래로 청소를 한다. 청소를 한 곳은 하얀색으로 표시한다. 마루 아래쪽에 있던 이용호는 유한결이 청소하는 모습을 지켜보다 위로 올라가며 청소를 도와 주기 시작한다. 유한결과 이용호가 서로 반대 지점에서 시작하여 중간에 만나게 되면 마루는 모두 깨끗이 닦아 청소를 끝낸다.

유한결과 이용호는 청소하는 모습이 동일하다. 단지 유한결은 아래쪽 방향으로 이용호는 위쪽 방향으로 움직일 뿐이다. 그래서 "청소하기" 함수를 만들어 사용한다. 함수의 파라미터는 위쪽과 아래쪽 방향을 결정하기 위해 "방향"으로 한다.

유한결과 이용호가 청소하고 지나간 곳은 하얀색으로 걸레질 자국을 표시하려고 한다. 스크래치에서는 스탬프로 도장을 찍는 것과 같은 [도장 찍기] 블록이 있다. 이 블록을 사용하면 현재 위치에 스프라이트 모양을 복제한다. 지금 상태에서는 유한결과 이용호의 모습이 찍히게 된다. 그래서 유한결과 이용호의 모양에 하얀색의 네모 모양을 추가한다. 그리고 유한결과 이용호가 한번 이동할 때마다 네모 모양으로 도장 찍기를 하고 다시 유한결과 이용호의 모양으로 되돌아온다면 청소 자국을 남길수 있다.

유한결이 청소하는 도중에 이용호도 같이 청소를 도와줘야 하므로 둘이 동시에 청소를 하도록 [클릭했을 때] 블록을 사용한다. 유한결과 이용호의 청소과정을 알고리즘으로 정리하면 [그림 3-33]과 같다.

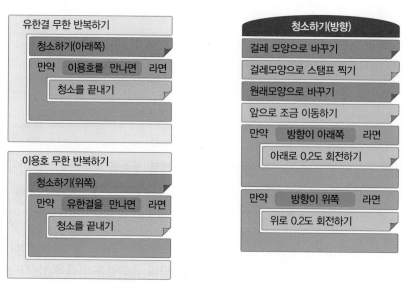

그림 3-33 유한결과 이용호의 알고리즘

(3) 코딩하기

알고리즘을 스크래치로 코딩해보자. 완성된 결과 화면을 보고 사용하는 블록들로 스크래치 스크립트를 만들어보자.

[완성된 결과 화면]

[사용하는 블록]

사용 블록		기능 설명
동작	10 만큼 움직이기	스프라이트를 설정된 값만큼 움직이기
	15 도 돌기	스프라이트를 시계 방향으로 설정된 각도만큼 회전시키기

동작	🔄 15 도 돌기	스프라이트를 반시계 방향으로 설정된 각도만큼 회전시키기
	벽에 닿으면 튕기기	스프라이트가 벽에 닿으면 반대 방향으로 변경하기
연산	◀ < ▶	왼쪽 값이 오른쪽 값보다 작으면 참(true)으로 반환하기
	◀ = ▶	왼쪽 값과 오른쪽 값이 같으면 참(true)으로 반환하기
	가(이) 아니다	조건이 참(true)이면 결과는 거짓(false)이고, 조건이 거짓(false)이면 참(true)으로 반환하기
펜	지우기	무대의 모든 펜 자국 지우기
	도장찍기	무대에 스프라이트의 이미지를 찍기
형태	다음 모양으로 바꾸기	스프라이트를 그림 리스트의 다음 순서 그림으로 변경하기. 만약 리스트의 마지막 그림이라면 처음 그림으로 변경하기
	Hello! 을(를) 2 초동안 말하기	입력한 내용을 설정한 시간 동안 말풍선으로 보여주기
추가블록	청소하기 ▢	새로운 블록을 파라미터와 함께 호출하기
	정의하기 청소하기 방향	새로운 블록을 만들기
제어	만약 (이)라면 / 아니면	조건이 참(true)이면 내부 블록 중 위쪽 블록을 실행하고 조건이 거짓(false)이면 '아니면' 아래 블록을 실행하기
	무한 반복하기	내부에 포함된 블록들을 무한 반복하여 실행하기
	1 초 기다리기	다음 명령을 실행하기 전에 설정한 시간 동안 기다리기
	모두 ▼ 멈추기	모든 스프라이트의 모든 스크립트 중지시키기

[스크립트 작성하기]

▶ 유한결 스크립트

① 청소를 시작하기 전에 무대에 남아 있을 수 있는 도장 찍기 자국을 깨끗이 지우고, 청소 시작 위치와 이동 방향을 정하고, 유한결 모양으로 시작한다.

② 한번 이동하는 "청소하기" 함수를 만든다. [다음 모양 바꾸기]블록으로 걸레질 모양으로 바꾸어 도장 찍기를 하고 다시 원래 모양으로 바꾼다. 20만큼 이동한 후 벽에 닿으면 튕기기로 방향을 반대로 바꾼다.

③ "방향" 파라미터가 아래쪽이면 0.2도만큼 시계 방향으로 회전하고, 위쪽이면 0.2도만큼 반시계 방향으로 회전한다. 이 블록을 [청소하기] 블록에 연결한다.

④ [청소하기] 블록이 만들어졌으니 "아래쪽" 파라미터 값과 함께 [청소하기] 블록을 호출한다. 한번 청소할 때마다 이용호와 만났는지 확인하고, 만났으면 청소를 마친다. 이런 과정을 무한 반복한다. 이 블록은 ①번의 [클릭했을 때] 블록에 연결한다.

⑤ 유한결이 아래쪽 방향으로 청소하는 전체 블록이다.

▶ 이용호 스크립트

이용호 스크립트는 유한결과 거의 유사하다. 단지 잠시 기다렸다 청소하는 것과 유한 결을 만나면 청소를 멈추는 것 두가지만 다르다. 그래서 이용호의 작업 과정은 생략한 전체 블록이다.

유한결과 이용호는 [클릭했을 때] 블록을 사용하므로 스크래치를 실행하면 이 블록이 동시에 실행을 하며 같이 청소를 한다.

예제 2   늑대 양 양배추를 무사히 옮기기

농부가 늑대, 양, 양배추를 강 건너편으로 옮기려 한다. 문제가 있다. 농부는 한번에 셋 중 하나씩만 옮길 수 있다. 또한 단 둘이 있을 때 늑대는 양을, 양은 양배추를 먹어 치운다. 셋을 모두 무사히 이동시키는 방법을 [그림 3-34]와 같이 스크래치로 코딩해 보자. 이 문제를 해결하려면 농부는 우선 양을 옮기고, 돌아와서 양배추를 옮기고, 양을 데리고 돌아온다. 다시 늑대를 옮기고, 돌아와서 양을 옮기면 된다.

그림 3-34 늑대 양 양배추를 무사히 옮기기 구성

(1) 문제 나누기

• 농부가 강을 건넌다.

• 농부가 출발 장소로 되돌아온다.

• 양이 강을 건넌다.

• 양이 안전한 곳으로 이동한다.

• 양이 출발 장소로 되돌아온다.

• 양이 있던 곳으로 이동한다.

• 양배추가 강을 건넌다.

• 양배추가 안전한 곳으로 이동한다.

• 늑대가 강을 건넌다.

• 늑대가 안전한 곳으로 이동한다.

(2) 알고리즘 만들기

농부는 강을 건너는 순서를 정하고 그 순서대로 차례차례 이름을 부른다. 늑대와 양과 양배추는 자신의 이름이 불리우면 농부가 있는 위치로 이동하고 농부와 함께 강을 건너 안전한 위치에 이동한다. 출발 위치로 되돌아올 때도 같은 방법을 사용한다.

농부가 옮기는 순서는 [그림 3-35]를 참고한다.

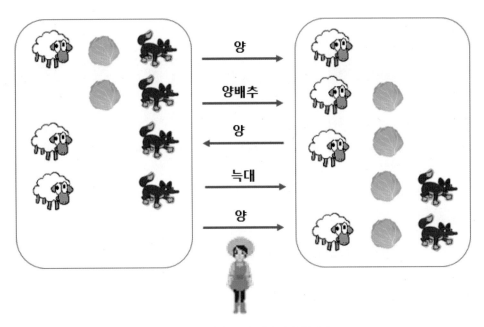

그림 3-35 농부가 순서를 정해 옮기기

농부가 강을 건너고 되돌아오는 반복적인 작업은 함수를 만들어 처리한다. 농부와 양의 알고리즘은 [그림 3-36]과 같다.

그림 3-36 농부가 양을 옮기는 알고리즘

(3) 코딩하기

알고리즘을 스크래치로 코딩해보자. 완성된 결과 화면을 보고 사용하는 블록들을 선택하여 스크래치 스크립트를 만들어보자.

[완성된 결과 화면]

[사용하는 블록]

사용 블록	기능 설명	
동작	1 초 동안 x: 0 y: 0 으로 움직이기	스프라이트를 주어진 시간 동안 (x,y)의 위치로 이동하기
	Hello! 을(를) 2 초동안 말하기	입력한 내용을 설정한 시간 동안 말풍선으로 보여주기
	x: 0 y: 0 로 이동하기	스프라이트를 (x,y)의 위치로 이동하기
연산	hello 와 world 결합하기	입력한 두 개의 문자열 결합하기
	□ = □	왼쪽 값과 오른쪽 값이 같으면 참(true)으로 반환하기
	가(이) 아니다	조건이 참(true)이면 결과는 거짓(false)이고, 조건이 거짓(false)이면 참(true)으로 반환하기
추가블록	강 건너기 □	새로운 블록을 파라미터와 함께 사용하기
	되돌아가기 □	새로운 블록을 파라미터와 함께 사용하기
	정의하기 강 건너기 누구	새로운 블록 만들기
	정의하기 되돌아가기 누구	새로운 블록 만들기
제어	만약 (이)라면	조건이 참(true)인 경우 내부에 포함된 블록들을 실행하기
	메시지1 ▼ 을(를) 받았을 때	설정한 메시지를 받으면 아래에 연결된 블록들을 실행하기
	메시지1 ▼ 방송하기	모든 스프라이트에 메시지를 보내고 다음 동작을 즉시 실행하기

[스크립트 작성하기]

▶ "강 건너기" 함수 스크립트

① 농부는 강을 건너고 되돌아오기를 여러 번 반복해야 하므로 이 두 기능을 함수로 만든다. 우선 "강 건너기" 함수는 파라미터인 "누구"에 늑대, 양, 양배추 중 하나를 전달하여 이동할 대상을 결정한다. 농부는 출발 지점부터 도착 지점까지 좌표값으로 이동한다.

▶ "되돌아가기" 함수 스크립트

② "되돌아가기" 함수는 파라미터인 "누구"에 늑대, 양, 양배추 중 하나를 전달하여 이동할 대상을 결정한다. 출발 지점으로 되돌아올 때는 농부 혼자 오는 경우도 있고, 같이 이동하는 경우도 있어서 같이 이동하는 경우에만 "다시 가자"를 말한다.

▶ 농부 스크립트

③ 농부는 가장 먼저 양과 함께 강을 건넌다. 양에게 함께 가자고 방송을 하며 양과
함께 강을 건너고 혼자 되돌아간다. 이때 양의 이동 과정은 양 스프라이트에서 진
행하게 될 것이다.

④ 농부의 나머지 과정도 같은 방법으로 구현한다. 양배추와 강을 건너고 양과 되돌아
간다. 다음은 늑대와 강을 건너고 농부 혼자 되돌아간다. 마지막으로 양과 함께 강
을 건넌다. 아래 블록을 ③번 블록에 차례대로 연결한다.

▶ 양 스크립트

⑤ 양 스프라이트가 "양 건너기" 방송을 들으면 농부가 있는 위치로 이동하여 농부와
함께 강을 건너고 안전한 위치로 이동한다.

⑥ 양 스프라이트가 "양 되돌아가기" 방송을 들으면 농부가 있는 위치로 이동하여 농부와 함께 출발 지점으로 이동한다.

```
양 되돌아가기 ▼ 을(를) 받았을 때
x: 207 y: 42 로 이동하기
1 초 동안 x: 207 y: 42 으로 움직이기
2 초 동안 x: -95 y: -54 으로 움직이기
1 초 동안 x: -201 y: 19 으로 움직이기
```

▶ 양배추 스크립트

⑦ 양배추 스프라이트가 "양배추 건너기" 방송을 들으면 농부가 있는 위치로 이동하여 농부와 함께 강을 건너고 안전한 위치로 이동한다.

```
양배추 건너기 ▼ 을(를) 받았을 때
1 초 기다리기
x: -72 y: -54 로 이동하기
2 초 동안 x: 140 y: -42 으로 움직이기
1 초 동안 x: 55 y: 55 으로 움직이기
```

▶ 늑대 스크립트

⑧ 늑대 스프라이트가 "늑대 건너기" 방송을 들으면 농부가 있는 위치로 이동하여 농부와 함께 강을 건너고 안전한 위치로 이동한다. 모든 블록을 완성했으니 스크래치를 실행하여 결과를 확인하자.

```
늑대 건너기 ▼ 을(를) 받았을 때
1 초 기다리기
x: -78 y: -55 로 이동하기
2 초 동안 x: 140 y: -42 으로 움직이기
1 초 동안 x: 132 y: 102 으로 움직이기
```

3.4 추상화

크고 복잡한 문제들을 단순하게 정리하여 사용하고 관리할 수 있는 방법으로 디테일 숨기기(추상화, abstraction)가 있다. 추상화의 의미가 어려운 것 같지만 우리 생활 속에서 다양한 형태로 존재하고 있다. 다양한 사례들을 통해 추상화가 정확히 무엇이고 어떻게 복잡한 세부적인 내용들을 이해하기 쉽게 단순화하여 표현하는지 알아보자.

3.4.1 추상화와 사용자

문제가 발생했을 때 필요한 핵심 요소만 파악하고 복잡한 디테일은 어떻게 단순하게 정리하여 사용되는지, 1.1 컴퓨팅 사고의 이용호 출장 가기 예제로 알아보자.

마케팅 부서에 근무하는 이용호는 서울에서 부산까지 출장을 다녀오기 위해 시간과 비용 조건에 맞추어 이용 가능한 교통 수단을 선택하는 출장 일정을 결정했다. 같은 부서에 근무하는 유한결이 서울에서 대전까지 출장을 다녀오는 업무를 배정 받으면, 이용호와 동일한 방법으로 출장 일정을 결정하게 된다. 출장을 가는 당사자 이용호와 유한결의 입장에서는 출장 일정에 대한 상세한 디테일을 모두 알고 있어야 한다.

하지만 팀원 여러 명을 거느리는 마케팅 부서의 팀장 한장미 입장에서는 '이용호는 부산 출장', '유한결은 대전 출장' 등으로 팀원들을 출장 보내야 하기 때문에 출장 업무와 목적지만 알고 있으면 된다. 각 팀원이 출장지까지 이용하게 되는 교통 수단과 출발 시간, 도착 시간 등은 팀장 한장미에게 중요하지 않기 때문에 출장 일정에 대한 상세한 디테일은 거의 모두 숨겨지게 된다.

출장 가기 예제를 통해, 우리는 하나의 개체를 바라보는 목적과 관점에 따라 상세한 디테일이 필요한 부분과 숨겨지는 부분으로 표현된다는 것을 알 수 있다.

우리 일상에서 보고 사용하는 거의 모든 것들은 수많은 부품들로 구성되어 있다. 규모가 큰 부품은 규모가 작은 많은 부품들로 구성되어 있다. 이렇듯 규모가 큰 것들은 갈수록 규모가 작은 것들로 구성되어 있는 계층 구조로 이루어져 있다. 자전거, 자동차, 선박, 기차, 비행기, 스마트폰 등 셀 수 없이 많은 것들이 많은 부품들로 계층 구조를 이루고 있다. 일반 사용자 입장에서 이러한 계층 구조의 디테일을 알 필요가 있을까?

자동차를 운전하는 데 자동차의 상세한 구성이나 엔진의 작동 원리를 알 필요는 없다. [그림 3-37]과 같이 자동차 제조사들은 복잡한 내부 구조는 주요 부품의 모듈 단위로 차체 내부에 숨겨놓고 운전하는데 반드시 필요한 중요 몇 가지 동작 기능들만 대시보드에 노출시켜 운전자가 조작할 수 있도록 하고 있다.

자동차를 만들거나 정비하는 사람들은 엔진의 구조, 연료 호스나 냉각 파이프 등과 같은 부품과 자동차의 전체적인 구조에 대해 잘 알아야 한다. 그러나 운전자들은 이런 것을 전혀 알지 못하더라도 자동차를 손쉽게 운전할 수 있다.

이처럼 불필요하고 복잡한 세부적인 내용들은 숨기고 반드시 필요한 몇 가지 핵심적인 특징만으로 단순하게 사물을 이해하고 사용하는 과정을 추상화라고 한다. 추상화를 하면 사용자에게 반드시 필요한 기능들만 남겨놓고 실제로 필요하지 않는 세부 내용들은 모두 숨겨 놓기 때문에 사용자는 간단히 정리된 내용만 알면 된다.

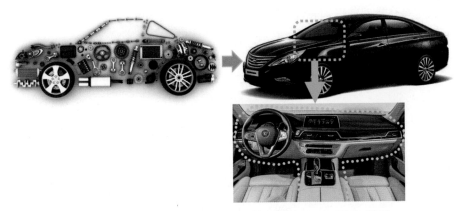

그림 3-37 복잡한 구조의 디테일이 숨겨지고 주요 기능만 정리된 자동차

회사나 군대 같은 조직 체계의 계층 구조에 대해 생각해보자. 조직에서는 구성원들을 수직적 계층 구조로 업무, 책임 및 권한을 나누어 운영한다. 회사는 사장, 부사장, 임원, 부장, 과장, 대리, 직원 등의 직급으로 계층 구조가 이루어진다. 이 계층 구조에서의 부품은 조직원이라고 볼 수 있다.

이러한 구조에서는 사장이 임원에게 업무 지시를 하면, 그 임원은 자신이 관리하는 조직을 움직여 업무를 수행하고 사장에게 보고한다. 업무 지시를 한 사장은 그 업무 수행의 대리나 직원 급에서의 상세한 디테일은 모른다. 즉 사장은 계층 구조의 디테일을 상세히 알 필요도 알 수도 없다. 지시를 내리고 관리만 한다. 즉 디테일을 모르고 조직을 사용한다. 조직을 계층 구조로 추상화하지 않으면 사장은 모든 일을 다 알아야 되기 때문에, 사실상 아무 일도 할 수 없게 된다.

예를 들어, 사장이 신입사원 20명을 채용하라는 지시를 내린다. 인사 담당 부서장은 부서 직원에게 지시하여 신입사원 채용 공고를 내고, 지원서를 받아 서류 심사를 하도록 하고, 40명을 면접에 부른다. 인사 담당 부서장은 면접 팀을 꾸려 1차 면접을 실시하고, 30명을 합격 시켜 2차 면접에 부른다. 2차 면접에는 사장도 들어온다. 즉 사장은 2차 면접 전까지 진행된 일에 대한 상세한 내용은 모른다.

3.4.2 계층 구조에서 관계 추상화

계층 구조는 위에서 보았듯이 복잡한 구조를 가진 것을 쉽게 사용하기 위해서도 필요하지만, 복잡한 개념을 계층별 관계를 중심으로 쉽게 이해하고 관리하기 위해서도 필요하다.

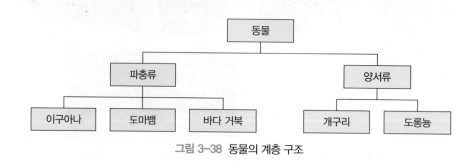

그림 3-38 동물의 계층 구조

[그림 3-38]의 동물 계층 구조에서 동물과 도마뱀의 추상화 관계에 대해 생각해보자. 동물은 하위 계층에 속하는 파충류와 양서류의 공통된 속성을 포함한다. 두 번째 계층의 속성인 파충류와 양서류는 세 번째 계층의 공통된 속성을 포함한다. 이러한 절차는 모든 속성이 더 이상 나눌 수 없는 최소 단위가 될 때까지 계속된다.

[그림 3-38]에서 하위 계층으로 내려갈수록 동물이 가지는 속성이 세분화되면서 파충류와 양서류로 나누어진다. 또한 파충류는 이구아나, 도마뱀, 바다 거북으로 세분화 된다. 이와 같이 상위 계층에서 하위 계층으로 내려 가면서 속성이 세분화되는 것

을 특수화(specialization)라고 한다.

반면에 상위 계층으로 올라가면서 이구아나, 도마뱀, 바다 거북의 파충류와 개구리
와 도롱뇽의 양서류가 동물이라는 공통적 특징으로 단순화 되는데, 이것을 일반화
(generalization)라고 한다. [그림 3-39]는 특수화와 일반화의 계층 관계를 설명한다.

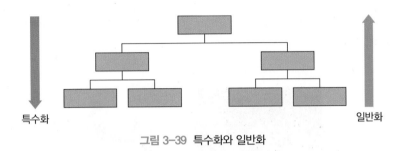

그림 3-39 특수화와 일반화

계층 구조로 추상화를 하면 한 계층의 항목이 확장되거나 내용의 일부가 변경되더라
도 상위 계층의 정의에 영향을 주지 않는다. 예를 들어 [그림 3-40]과 같이 파충류에
속하는 이구아나와 도마뱀을 뱀목으로, 바다 거북을 거북목으로 계층구조를 세분화하
여 계층을 추가하더라도, 이구아나와 도마뱀, 바다 거북은 여전히 파충류와 동물 그
룹에 속한다.

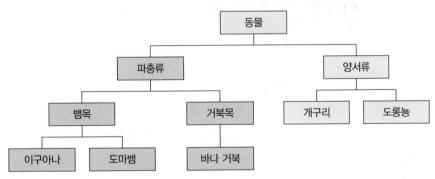

그림 3-40 파충류의 속성을 세분화한 동물의 계층 구조

3.4.3 소프트웨어의 추상화

'자동차를 코딩한다?', '자동차는 기름이 아니라 소프트웨어로 달린다', 최근 종종 볼 수 있는 문구인데, 무슨 의미일까? 대부분의 차량 제어는 소프트웨어에 의해 이루어 진다. 운전자는 운전석에 편안히 앉아 터치스크린 속 컨트롤 메뉴에서 터치 한번으로 선루프를 여닫고 냉·난방 장치를 설정할 수 있다. 핸드 브레이크(parking brake)도 스크린 속 버튼으로 대체하고 있다. 이와 같이 자동차 제조에서 소프트웨어의 가치는 더욱 높아지고 있다.

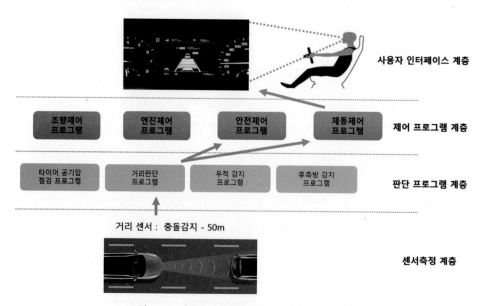

그림 3-41 자동차에 탑재된 소프트웨어의 계층 구조

[그림 3-41]은 자동차에 탑재된 자동차의 주행 동작을 담당하는 소프트웨어의 계층 구조를 보여준다. 자동차의 주행 동작은 크게 3 계층으로 나눌 수 있다.

센서 측정 계층은 센서나 카메라를 통해 환경을 인식하는 것으로, 사람의 눈과 같은 역할을 한다. 판단 프로그램 계층은 인지한 상황에 대한 정보를 바탕으로 주행 전략을 판단하는 것으로, 사람의 두뇌와 같은 역할을 한다. 제어 프로그램 계층은 실질적으로 차량을 제어하는 것으로 사람의 혈관이나 근육에 해당된다.

그렇다면 도로 위에서 주행중인 자동차의 충돌 회피 기능은 어떻게 동작할까?

첫째, 차량 거리 센서가 전방 차량의 거리를 측정하여 거리 판단 프로그램으로 결과값을 전달한다. 둘째, 차량의 거리 판단 프로그램은 전달받은 거리 값으로 거리를 판단하여 충돌 여부를 판단한다. 셋째, 충돌 위험이 있을 경우 거리 판단 프로그램은 제동 제어 프로그램과 안전 제어 프로그램에 위험 상황을 알려준다. 넷째, 제동 제어 프로그램은 운전자 계기판에 위험 정보를 알려준다. 운전자는 계기판 경보 정보의 도움으로 위기 상황을 인지하고 감속 운전을 하게된다.

이처럼 거리 센서의 측정 값을 기준으로 계층별 여러 프로그램의 작동을 거치는 복잡한 과정을 수행하더라도 운전자는 계기판의 경보 정보만 확인한다. 충돌 회피 기능에 참여하는 각 계층별 프로그램과 센서 정보는 모두 숨겨지고, 운전자는 반드시 필요한 기능인 계기판의 충돌 회피 경보를 확인하고 안전 운전을 한다. 하드웨어인 자동차를 제어할 수 있도록 탑재된 소프트웨어 계층 구조에서도 추상화가 적용되고 있다.

3.4.4 스크래치 프로그래밍 언어의 추상화

스크래치의 각 블록은 텍스트 기반의 프로그래밍 언어로 만들어졌다. 바로 스몰토크 (smalltalk)라는 프로그래밍 언어를 오픈 소스로 공개한 스퀵(squeak) 프로그래밍 언어이다. 사용자가 코딩할 때 접하게 되는 스크래치의 무대, 블록, 스프라이트 등을 만든 언어이다.

우리는 스크래치에서 필요한 블록을 끌어 당겨 레고처럼 조립하는 방식으로 프로그래밍을 한다. 스크래치는 일반 텍스트 기반의 프로그래밍 언어와는 다르게 모든 명령어가 직관적 이해가 가능한 블록 형식으로 되어 있다.

사용자가 텍스트 기반의 스몰토크 언어에 대해 전혀 모르더라도 얼마든지 코딩을 할 수 있다. 스크래치 프로그래밍 언어에서의 추상화 과정을 살펴보기 위해, [그림 3-42]와 같이 처음 만난 친구의 이름을 물어보고 인사를 나누는 스크래치 프로그램을 만들어보자.

그림 3-42 친구 이름을 물어보고 인사를 나누는 스크래치 프로그램

[관찰] 영역의 [~묻고 기다리기]와 [대답] 블록을 이용하여 사용자에게 이름을 물어본다. [형태] 영역의 [말하기] 블록에 [연산] 영역의 [~와 ~결합하기] 블록을 연결한 후, 사용자가 입력한 대답과 "Hello" 인사 메시지를 [그림 3-43]과 같이 넣어준다.

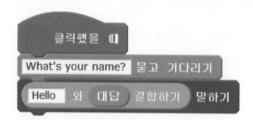

그림 3-43 친구 이름을 물어보고 인사를 나누는 스크립트

[그림 3-43]의 스크래치로 작성한 스크립트를 텍스트 기반의 스몰토크 언어로 프로그래밍하면 다음과 같다.

```
"Smalltalk: a program to demonstrate how to get input from user."

|username|

Transcript show: 'What's your name?'.
username := stdin nextLine.

Transcript show: ('Hello,', username); cr.
```

똑같은 결과물을 보여주기 위한 코드인데 스크래치로 작성한 스크립트가 스몰토크에 비해 훨씬 쉬워 보인다. 이와 같이 스크래치 뒤에는 암호 같은 텍스트 기반의 코드가 있다. 그것을 추상화 하여 누구나 쉽게 블록 명령 구조를 사용할 수 있도록 교육용 프로그래밍 언어가 만들어진 것이다.

3.1 **리스트**

[단답형]

1. (   )은 여러 개의 변수를 한 곳에 순서대로 모아 놓은 큰 바구니와 같다.

2. 다음 설명 중 틀린 것을 모두 선택하라.

    ① 리스트에는 한 개의 데이터만을 저장할 수 있다.

    ② 리스트에는 여러 개의 데이터를 순서대로 저장할 수 있다.

    ③ 리스트에서는 특정 항목을 가리키기 위해서는 리스트 이름과 인덱스를 사용한다.

    ④ 리스트에 새로운 데이터를 추가하면 항상 리스트의 첫 번째 위치에서 삽입이 이루어진다.

    ⑤ 100명의 학생 이름을 프로그램에서 사용하는 경우 이름을 기억할 리스트가 100개 필요하다.

3. 다음의 프로그램을 실행한 후, "국내여행명소" 리스트에는 어떤 데이터가 남아 있을까?

[서술형]

1. 고양이 스프라이트를 클릭할 때마다 도시 이름을 하나씩 입력 받아 "자료관리함" 리스트에 저장하는 스크립트를 완성하라.

[결과 화면]   [사용 블록]

2. 스페이스 키를 누를 때마다 "자료관리함" 리스트에 저장된 도시 이름이 하나씩 삭제되는 스크립트를 완성하라.

[결과 화면]   [사용 블록]

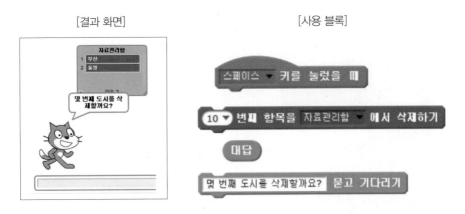

3. "좋아하는 과일" 리스트를 만들고, 내가 좋아하는 과일 5개를 차례대로 저장하는 스크래치 블록을 작성하라.

인덱스	1	2	3	4	5
좋아하는 과일					

[단답형]

1. 함수의 구성에 대한 질문이다. 빈 곳을 채워라.

   ① 함수를 사용하려면 함수의 (   )이 있어야 한다.

   ② 함수에 값을 전달하기 위해 (   )가 있어야 한다.

   ③ 함수가 만들어낸 결과물을 (   )으로 받을 수 있어야 한다.

2. 함수에 대한 질문이다. 틀린 것을 모두 선택하라.

   ① 파라미터는 없을 수 있다.

   ② 파라미터는 여러 개 전달할 수 있다.

   ③ 함수의 이름은 중복 사용이 가능하다.

   ④ 리턴 값은 여러 개 전달할 수 있다.

   ⑤ 리턴 값은 없을 수 있다.

3. 다음 블록은 사각형을 그리는 함수이다. ①번 블록으로 적당한 것을 모두 선택하라.

[실행 블록]

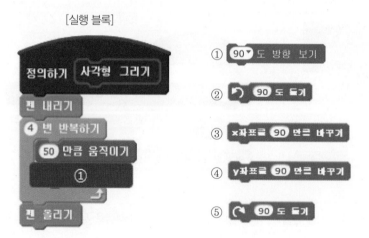

4. 사각형 그리기 함수에서 "크기" 파라미터로 사각형을 그리려고 한다. ①번 블록으로 옳은
   것은?

[실행 블록]

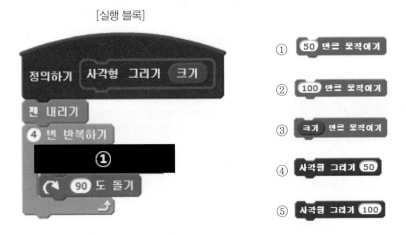

① 50 만큼 움직이기

② 100 만큼 움직이기

③ 크기 만큼 움직이기

④ 사각형 그리기 50

⑤ 사각형 그리기 100

[서술형]

1. 새가 모양을 바꾸며 날아가는 "날아가기" 함수를 만들어 보자. 날아가는 방향을 정하고,
   "parrot-a" 모양으로 10만큼 움직인다. 0.1초 후 "parrot-b" 모양으로 10만큼 움직이고 0.1초
   기다리는 함수를 완성하라.

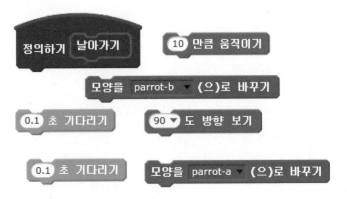

2. "날아가기" 함수를 호출하여 새가 날아가도록 완성하라.

3. "날아가기" 함수에서 "속도" 파라미터를 추가하여 이 속도로 날아가도록 완성하자.

4. "날아가기" 함수를 호출하여 20의 속도로 새가 날아가도록 완성하자.

분산 및 병렬 처리

[단답형]

1. 한 개의 업무를 여러 개의 작은 업무로 나누어 여러 컴퓨터에서 동시에 처리할 수 있다. 두 경우 다 (①) 방식이다. 일반적으로 한 개의 업무를 작은 업무로 나누어 여러 컴퓨터에서 동시에 처리하는 경우를 (②) 처리라고 한다.

2. 다음 중 분산 및 병렬 처리를 할 수 있는 것을 모두 선택하라.

   ① 혼자 심부름 다녀오며 껌 씹기

   ② 30분간 책을 읽고 친구와 토론하기

   ③ 30분 동안 레고 블록으로 30cm 크기의 로봇과 자동차 만들기

   ④ 추석에 1시간 동안 100인분의 송편 만들기

   ⑤ 10분 동안 마트에서 장난감 고르고 계산하기

3. 다음 중 스크래치 예제로 분산 및 병렬 처리를 할 수 있는 것을 모두 선택하라.

   ① 1부터 1000까지의 합계 구하기

   ② 고양이가 도망가는 쥐를 따라 다니기

③ 고양이가 1만큼 100번 걸어가기

④ 말, 사자, 다람쥐가 동시에 달리기

⑤ 하늘에서 별들이 떨어지게 하기

[서술형]

1. 동물 농장에서 코끼리, 하마, 말이 달리기 시합을 한다. 3마리의 동물이 달리는 장면을 분산 및 병렬 처리로 완성하라. 3마리 동물이 도착점에 닿을 때까지 1~10만큼의 난수로 이동한다.

[결과 화면]   [코끼리, 하마, 말 사용 블록]

2. 바다 속 물고기를 상어가 쫓아가는 장면을 분산 및 병렬 처리로 완성하라. 물고기는 10~20만 큼씩 난수로 이동하다 벽에 닿으면 튕긴다. 상어는 20~30만큼씩 난수로 이동하다 물고기를 만나면 실행을 멈춘다.

[결과 화면]

[물고기 사용 블록]

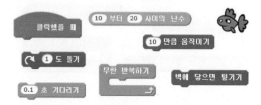

[상어 사용 블록]

3. 떨어지는 풍선을 화살로 맞추어 터뜨리는 게임을 분산 및 병렬 처리로 완성하라. 풍선은 10의 속도로 아래로 떨어지며, 화살은 스페이스 키를 누르면 20의 속도로 날아간다. 화살로 풍선을 맞추면 풍선이 터진다. 힌트 블록없이 스스로 만들어보자.

[결과 화면]

3.4 **추상화**

[단답형]

1. (   )는 불필요하게 자세한 부분은 숨기고 핵심적인 요소만을 남겨 단순하게 표현하고 사용하는 것이다.

2. (   )는 일상 생활에서 복잡한 구조와 개념을 계층별 관계를 중심으로 쉽게 이해하고 관리하기 위해 사용한다.

3. 다음 중 추상화가 적용된 사례를 모두 선택하라.

   ① 일기 예보를 보고 우산을 챙겨 외출한다.

   ② 대한민국 교육 제도를 초등학교, 중학교, 고등학교, 대학교로 세분화한다.

   ③ 남자와 여자를 사람이란 개념으로 일반화한다.

   ④ 이번 주 공부 계획을 영어, 과학, 수학, 국어 순으로 정한다.

   ⑤ 무선랜(WLAN) 기술을 몰라도 사용자는 휴대폰으로 이메일을 주고 받을 수 있다.

[서술형]

1. TV에 적용된 추상화에 대해 설명하라.

2. 우리 부모님을 중심으로 친가와 외가의 가족 관계를 계층 구조로 표현하라.

3. 중화 요리 식당에서 메뉴판을 새롭게 디자인하려고 한다. 고객이 식당에 와서 메뉴를 보고 음식을 고르는 행위를 돕기 위해 중화 요리 식당의 메뉴판을 추상화하라.

Part

2

소프트웨어
기초 알고리즘

이 부에서는 소프트웨어에서 가장 기본적인 알고리즘 몇 가지를 소개한다. 데이터 찾기(검색, search), 데이터 순서대로 나열하기(정렬, sorting), 데이터 암호화(encryption), 두 사람 이상이 동시 사용할 경우 사용자 충돌 문제(multiuser clash) 해결하기 등의 알고리즘을 배운다. 이러한 알고리즘은 다양한 프로그램에서 공통으로 사용된다. 2장과 3장에서 보았듯이 알고리즘을 만들고 표현하는 과정에 컴퓨팅 사고가 적용된다. 이 부에서 학습하는 알고리즘을 유사 코드로 정리해 본다.

Chapter 04 검색하기

Chapter 05 정렬하기

Chapter 06 기타 주요 알고리즘

04 검색하기

학습 목표

• 순서대로 나열된 여러 숫자를 반씩 나누어 가면서 원하는 숫자를 빨리 찾을 수 있다.
• 한 문서에서 원하는 단어를 찾을 수 있다.

일상 생활에서 무엇인가를 찾아야 하는 경우가 많이 있다. 도서관에서 책을 찾기도 하고, 스마트폰에서 전화번호를 찾기도 하고, 인터넷에서 자료를 찾기도 한다. 많은 양의 데이터에서 무엇인가를 찾을 때는 컴퓨터를 이용해야 한다. 정확히 말하자면 데이터를 저장하고 저장된 데이터 중 특정한 조건을 충족하는 데이터를 검색(search)하는 소프트웨어를 이용해야 한다. 이러한 소프트웨어에서 어떠한 알고리즘을 이용하여 컴퓨터에 저장된 숫자와 글자를 찾는지 배운다. 활동 문제를 이용하여 검색 알고리즘을 더욱 확실히 배운다.

4.1 반씩 나누어 검색하기

여러 숫자가 순서대로 나열되어 있을 때, 원하는 숫자를 찾는 방법은 여러 가지가 있다. 먼저, 일상 생활에서 어떤 식으로 찾기를 하는지 살펴보고, 컴퓨터에서 숫자를 찾는 방법 중 여러 숫자를 반씩 나누어 찾는 방법에 대해 살펴보자.

4.1.1 일상 생활에서 검색하기

친구에게 전화를 걸려고 할 때를 생각해보자. 스마트폰의 주소록에서 전화번호를 검색하여 걸게 된다. 친구들의 전화번호를 모두 기억하기 힘들어 주소록에 저장해 두고 필요할 때마다 검색하게 된다. 맛집을 찾거나 여행지를 찾아갈 때, 또는 궁금한 것이 있을 때 인터넷을 검색한다.

첩보 영화에서 '홍채 인식'을 본 적이 있을 것이다. [그림 4-1]처럼 홍채 인식은 보안이 중요한 곳에 출입할 때에 사용된다. 홍채 정보 데이터베이스를 검색하여 출입자의 홍채 정보와 일치하는 것이 있으면 출입을 허가한다.

출처: http://blog.skbroadband.com/867, http://www.edaily.co.kr/news/news_detail.asp?newsId=01079126606190928&mediaCodeNo=257

그림 4-1 홍채 인식으로 개인 식별하기

4.1.2 컴퓨터처럼 검색하기

[그림 4-2]처럼 네 개의 숫자 중에서 '2'[1]를 찾아보자. 왼쪽부터 찾으면 네 번 만에 '2'를 찾을 수 있다.

그림 4-2 검색 1

---

1) 찾을 대상의 숫자는 비교 대상의 숫자와 구분하기 위해 작은 따옴표(' ')로 표현한다.

이번에는 '7'을 찾아 보자. 네 개의 숫자를 모두 살펴본 후에 '7'이 없다는 것을 확인할 수 있다.

일상 생활에서 첫 번째 값부터 마지막 값까지 순서대로 원하는 값이 있는지 비교하여 찾는 방법(순차 검색, sequential search 또는 선형 검색, linear search)을 자주 사용한다. 가장 간단하고 직접적인 검색 방법이다. 하지만, 숫자가 많고 찾는 숫자가 뒤에 있거나 없으면 찾는 시간이 길어진다.

숫자를 다른 방법으로 나열할 수 없을까? [그림 4-3]처럼 순서대로 나열(정렬, sort)한 후 '7'을 찾아보자.

그림 4-3 검색 2

2 다음에 8이 있으니, 7이 없다는 것을 알 수 있다. 이처럼 순서대로 나열되어 있으면, 찾기도 쉽고 없는 숫자를 알아내기도 쉽다. 그래서 검색 전에 검색 대상을 순서대로 나열해 두면 검색하기 좋다.

반씩 나누어 검색하기

찾을 대상의 개수가 100 만개 또는 1000 만개가 넘는 경우, 총 몇 번 만에 찾을까? 찾는 숫자가 가운데에 있거나 맨 마지막에 있을 때는 몇 번 만에 찾을까? [그림 4-4]처럼 순서대로 나열되지 않은 다섯 개의 숫자 중에서 '13'을 찾으려고 한다. 처음부터 순서대로 찾을 수밖에 없다.

그림 4-4 순서대로 나열되지 않은 숫자 중 13 찾기

[그림 4-5]처럼 순서대로 나열된 숫자 중에서 '13'을 찾으려고 한다. 어떻게 하면 찾을 수 있을까? 첫 번째 값부터 시작하여 마지막 값까지 순서대로 '13'인지 비교하여 찾으면 된다.

그림 4-5 순서대로 나열된 숫자 중 13 찾기

좀 더 빠른 방법으로 '13'을 찾고 싶을 때는 어떻게 하면 될까? 찾을 대상을 반씩 나누어 찾기(이진 검색, binary search)를 해보자. [그림 4-6]처럼 다섯 개의 숫자 [3, 10, 12, 13, 20]이 있을 때, 이진 검색 방법으로 '13'을 찾아보자.

첫 단계로 중앙 값 12를 찾고, 이 값을 기준으로 왼쪽의 [3, 10]과 오른쪽의 [13, 20]으로 나눈다. 중앙 값 12와 '13'을 비교한다. 12<'13' 이므로, 중앙 값의 오른쪽에 있는 수 [13, 20]이 새로 찾을 범위가 된다. 이미 숫자들이 순서대로 나열되어 있기 때문에, 중앙 값과 그 왼쪽의 숫자들에는 13이 없다는 것이 보장된다.

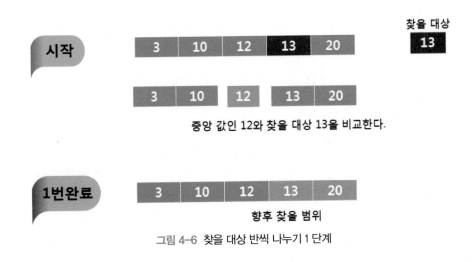

그림 4-6 찾을 대상 반씩 나누기 1 단계

두 번째 단계에서는 [그림 4-7]처럼 [13, 20]에서 숫자가 짝수 개라 중앙 값을 쉽게 찾을 수 없다. 이럴 때는 숫자를 반으로 나누고 바로 앞에 것을 중앙 값으로 한다. [13, 20]은 반으로 나누면 [13]과 [20]으로 나누어진다. 여기서 둘 중 바로 앞쪽의 13을 중앙 값으로 하여 찾을 대상 '13'과 비교를 한다. 13='13'이므로, 찾으려는 13과 일치한다. 13을 찾았으니 검색이 완료된다.

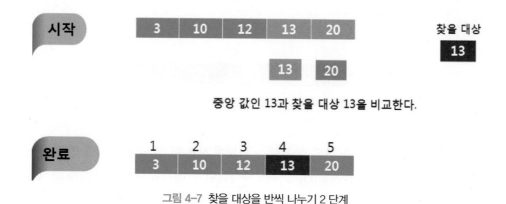

그림 4-7 찾을 대상을 반씩 나누기 2 단계

이진 검색하기

컴퓨터는 이진 검색을 어떻게 할까? 우선, 찾을 대상 범위의 숫자 중 첫 번째 위치의 숫자는 1이라는 위치 값을 주고, 그 다음 수는 1씩 증가하여 위치 값을 부여한다. 찾을 범위의 숫자 중에서 가장 작은 위치 값을 최하 값(low)으로 이름을 붙이고, 가장 큰 값은 최고 값(high)으로 이름을 붙인다. 그리고 기준 값은 최하 값과 최고 값의 중간 값(middle)을 계산하여 정한다.

중간 값 = (최하 값 + 최고 값)/2

즉, 중간 값은 최하 값과 최고 값을 더한 후 2로 나누는데, 몫 중 소수점 이하는 버린다. 위치 값은 자연수이므로 소수점 이하를 버려야 정확한 위치 값을 얻을 수 있다. 그렇게 계산한 위치에 있는 숫자, 즉 기준 값인 중앙 값을 찾을 대상 숫자와 비교한다. 찾을 대상의 숫자를 찾을 때까지 이것을 반복한다. 이러한 것들은 이진 검색을 할 때 적용되는 중요한 규칙들이다.

[그림 4-8]처럼 네 개의 숫자 [3, 10, 13, 20]이 있을 때, '13'을 찾는 방법을 적용해보자. 첫 번째 단계로 3과 20이라는 숫자의 위치 값인 1, 4를 식에 대입하면 (1+4)/2 = 2 이며, 나누기 한 결과 값 중 소수점 이하를 버리고 2가 된다. 그리고 위치 값 2의 자리에 있는 10이 기준 값인 중앙 값이 된다. 10<'13'이므로, 10의 오른쪽 숫자들이 새로운 찾을 범위가 된다.

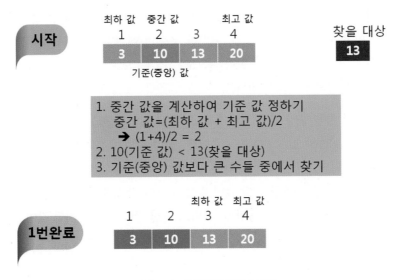

그림 4-8 이진 검색 방법 1 단계

두 번째 단계에서는 [그림 4-9]처럼 10의 오른쪽에 있는 13의 위치 값(3)이 최하 값이 되고, 20의 위치 값(4)이 최고 값이 되어 다시 중간 값을 계산한다. 13과 20의 위치 값은 3, 4로 식에 대입하면, (3+4)/2 = 3로 나누기 한 결과 값 중 소수점 이하를 버리고 3이 된다. 위치 값 3의 자리에 있는 13이 기준 값, 즉 중앙 값이 된다. 13 = '13'으로 찾을 대상과 일치하므로 검색이 완료된다.

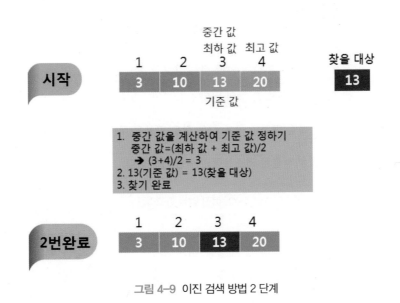

그림 4-9 이진 검색 방법 2 단계

검색의 정의는 "순서대로 나열된 리스트에서 특정한 값의 위치를 찾는 알고리즘" 이며, 여기서 '알고리즘'은 어떠한 경우, 어떠한 용량의 데이터에 적용하더라도 원하는 결과를 얻을 수 있도록 만들어야 한다. 즉 모든 경우, 모든 데이터 용량에 적용해도 원하는 결과가 동일하게 나와야 한다.

[그림 4-10]처럼 처음 중앙 값을 선택하고, 그 값과 찾고자 하는 값의 크고 작음을 비교하는 방식이다. "중앙 값 〈 원하는 값" 이면, 중앙 값의 오른쪽 부분에 대해서 찾기를 한다. 그렇지 않고, "중앙 값 〉 원하는 값" 이면, 중앙 값의 왼쪽 부분에 대해서 찾기를 한다. 이 때, 처음 선택한 중앙 값이 찾는 값보다 작으면 중앙 값의 바로 다음 값이 새로운 최하 값이 되고, 크면 중앙 값의 바로 이전 값이 새로운 최고 값이 된다.

이와 같이 이진 검색의 규칙을 적용하여 알고리즘으로 표현할 수 있다. 이진 검색 알고리즘의 장점은 찾기가 반복될 때마다 목표 값을 찾을 확률이 두 배 높아지고, 찾는 속도도 빨라진다. 하지만, 검색 원리상 순서대로 나열된 리스트에서만 사용이 가능하다.

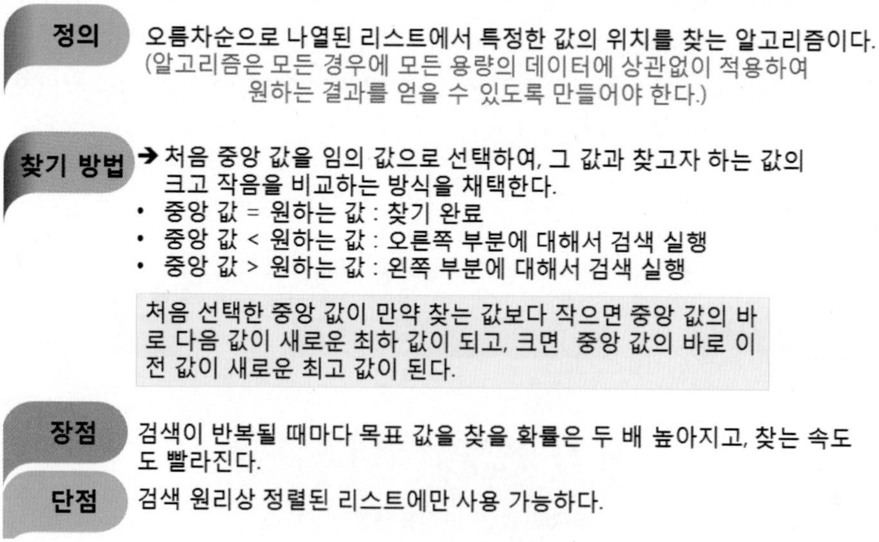

정의 오름차순으로 나열된 리스트에서 특정한 값의 위치를 찾는 알고리즘이다.
(알고리즘은 모든 경우에 모든 용량의 데이터에 상관없이 적용하여 원하는 결과를 얻을 수 있도록 만들어야 한다.)

찾기 방법 → 처음 중앙 값을 임의 값으로 선택하여, 그 값과 찾고자 하는 값의 크고 작음을 비교하는 방식을 채택한다.
- 중앙 값 = 원하는 값 : 찾기 완료
- 중앙 값 < 원하는 값 : 오른쪽 부분에 대해서 검색 실행
- 중앙 값 > 원하는 값 : 왼쪽 부분에 대해서 검색 실행

처음 선택한 중앙 값이 만약 찾는 값보다 작으면 중앙 값의 바로 다음 값이 새로운 최하 값이 되고, 크면 중앙 값의 바로 이전 값이 새로운 최고 값이 된다.

장점 검색이 반복될 때마다 목표 값을 찾을 확률은 두 배 높아지고, 찾는 속도도 빨라진다.

단점 검색 원리상 정렬된 리스트에만 사용 가능하다.

그림 4-10 이진 검색 알고리즘

각 단계별로 중앙 값을 정하고 찾을 대상을 비교해가며, 두 수가 같을 때와 같지 않을 때의 반복되는 패턴을 찾아 이진 검색 알고리즘을 유사 코드로 표현하면 [그림 4-11]와 같다.

1. 향후 찾을 범위의 숫자가 아무 것도 없을 때까지 다음 과정을 반복하기
    1.1 중간 값 = (최하 값+최고 값)/2
    1.2 중앙 값 = 중간 값 자리에 있는 값
    1.3 중앙 값과 원하는 값이 일치하면,
        – 찾기 완료
    1.4 아니면,
        1.4.1 (중앙 값 〈 원하는 값)이면,
            – 중앙 값 바로 다음 값이 새로운 최하 값
            – 오른쪽 부분에 대해서 검색 실행
        1.4.2 아니면,
            – 중앙 값 바로 이전 값이 새로운 최고 값
            – 왼쪽 부분에 대해서 검색 실행

※ 참고 : 유사 코드에서 사용된 '='는 우변의 값을 좌변에 대입하는 연산자를 의미한다.

그림 4–11 이진 검색 알고리즘의 유사 코드

이처럼 알고리즘에 앞에서 살펴본 컴퓨팅 사고의 반복이나 조건 처리가 빨간색 표시된 것처럼 사용된다.

활동 문제 1 다음의 15개 숫자 중 이진 검색 방법으로 '157'를 찾아 보자. 몇 번의 검색으로 찾을 수 있을까?

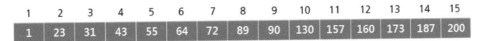

1	2	3	4	5	6	7	8	9	10	11	12	13	14	15
1	23	31	43	55	64	72	89	90	130	157	160	173	187	200

그림 4–12 검색 예제 1

'157'을 찾기 위한 중앙 값의 위치를 계산해보자.

    (1+15)/2=8,
    (9+15)/2=12,
    (9+11)/2=10,
    (11+11)/2=11

이처럼 11번째의 위치에 '157'이 있다. 4번의 검색으로 값을 찾을 수 있다.

다음의 여섯 개 숫자 중 이진 검색 방법으로 '10'을 찾아 보자. 몇 번의 검색으로 찾을 수 있을까?

그림 4-13 검색 예제 2

순차 검색과 이진 검색의 비교

16개의 숫자가 순서대로 있는 경우, 순차 검색과 이진 검색 방법으로 찾는 경우를 각각 생각해보자. 순차 검색은 찾는 값이 가장 앞에 있으면, 한 번에 찾고 검색이 끝난다. 평균적으로 8번의 검색을 한다. 찾는 값이 마지막에 있거나 없는 경우, 즉 최악의 경우 16번을 찾아야 한다. 찾는 값이 없는 경우는 모두 비교한 다음에야 숫자가 없다는 것을 알 수 있다.

반면, 이진 검색은 찾고자 하는 값이 중앙에 있으면, 한 번에 찾을 수 있다. 평균적으로 4번의 검색을 한다. 최악의 경우도 4번의 검색을 한다. 찾는 값이 없는 경우, 이진 검색을 모두 한 다음에야 비로서 없는 숫자라는 것을 알 수 있다.

예를 들어, [그림 4-14]처럼 다섯 개의 숫자가 있는 경우 '2'가 있는지 찾아보자.

그림 4-14 검색 예제 3

'2'을 검색하기 위한 중앙 값의 위치를 계산해보자.

(1+5)/2=3 → 세 번째 위치에는 5가 있고, '2'< 5로 5의 왼쪽의 수가 찾을 범위가 된다. 3번째 바로 왼쪽의 2번째 자리가 최고 값이 되고, 최하 값은 그대로 1이 된다.

(1+2)/2=1 → 첫 번째 위치에 1이 있는데, 1<'2'로 더 이상 찾을 대상이 없으므로, '2'가 배열에 없는 숫자라는 것을 알 수 있다.

이진 검색 횟수 계산

이진 검색할 때, 최악의 경우 몇 번에 찾을 수 있을까? 1~4095까지의 숫자 중에서 '1'을 찾는 경우를 생각해 보자. [그림 4-15]처럼 11번만에 검색이 된다.

1	2	3	4	5	6	7	8	9	10	...	4089	4090	4091	4092	4093	4094	4095
1	2	3	4	5	6	7	8	9	10	...	2041	2042	2043	2044	2045	2046	2047
1	2	3	4	5	6	7	8	9	10	...	1017	1018	1019	1020	1021	1022	1023
1	2	3	4	5	6	7	8	9	10	...	503	504	505	506	507	508	509	510	511
1	2	3	4	5	6	7	8	9	10	...	247	248	249	250	251	252	253	254	255
1	2	3	4	5	6	7	8	9	10	...	119	120	121	122	123	124	125	126	127
1	2	3	4	5	6	7	8	9	10	...	55	56	57	58	59	60	61	62	63
1	2	3	4	5	6	7	8	9	10	...	23	24	25	26	27	28	29	30	31
1	2	3	4	5	6	7	8	9	10	11	12	13	14	15
1	2	3	4	5	6	7
1	2	3
1

그림 4-15 검색 과정

이처럼 이진 검색 방법으로 찾을 경우, 찾을 대상의 개수를 생각해보자. 찾을 대상이 많아질수록, 순차 검색 방법보다 찾는 속도가 빨라진다.

이진 검색 횟수 계산 수식

이진 검색의 검색 횟수를 계산하는 수식은 무엇인가? [그림 4-16]처럼 16개 중에서 이진 검색 방법으로 검색을 하면, 찾을 대상 수가 8개, 4개, 2개, 1개가 된다. 반씩 4번 나누게 되니, $(1/2)^4$로 표현할 수 있다.

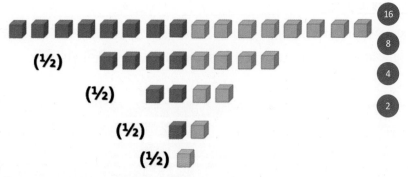

출처: https://www.youtube.com/watch?v=b060MHQwUEE

그림 4-16 찾을 대상의 개수 생각해보기 1

[그림 4-17]처럼 수식으로 표현하면 $16 \times (1/2)^4 = 1$이 된다. 여기서 찾을 대상은 경우마다 다를 수 있으므로 N으로 표현하면, $N \times (1/2)^4 = 1$이 된다. 그리고 각 양변에 2^4를 곱해주면, $N=2^4$가 된다. 다시 양변에 $\log_2$를 취해주면, $\log_2 N = \log_2 2^4 = 4$가 된다.

$$16 \times \left(\frac{1}{2}\right)^4 = 1$$

$$N \times \left(\frac{1}{2}\right)^4 = 1$$

$$N = 2^4$$

$$\log_2 N = 4$$

그림 4-17 찾을 대상의 개수 생각해보기 2

이처럼 이진 검색의 총 검색 횟수를 계산하는 식은 [그림 4-18]과 같이 표현할 수 있다.

$$\log_2 N$$

그림 4-18 찾을 대상의 개수 생각해보기 3

찾을 대상의 개수가 100만개 또는 1000만개가 넘는 경우 등의 총 검색 횟수를 계산해보면, 〈표 4-1〉과 같다.

표 4-1 이진 검색의 총 검색 횟수 예

찾을 대상 개수(N)	수식($\log_2 N$)	총 검색 횟수
4096	$\log_2 4096 = \log_2 2^{12}$	12
8192	$\log_2 8192 = \log_2 2^{13}$	13
131072	$\log_2 131072 = \log_2 2^{17}$	17
1048576	$\log_2 1048576 = \log_2 2^{20}$	20
16777216	$\log_2 16777216 = \log_2 2^{24}$	24
134217728	$\log_2 134217728 = \log_2 2^{27}$	27

4.2. 글자 검색하기

문서에서 한 단어 찾기

문서를 검색할 때, 문서에 원하는 단어가 있는지 한 문장씩 비교하며 찾기를 한다. 원하는 단어가 있는지 문장별로 찾고, 찾은 문장들이 모이면 그 결과를 보여주게 된다.

다음과 같은 문장에서 'LOVE'라는 단어를 어떻게 찾을지 생각해보자.

   (예) I LOVE YOU SO MUCH.

[그림 4-19]와 같이 'LOVE', 즉 찾고자 하는 단어를 '투명한 슬라이드'에 복사해 놓고, 그 슬라이드를 주어진 문장의 처음 부분에 덮어씌워 한 글자씩 오른쪽으로 이동하며 비교하여 찾아보자.

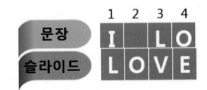

그림 4-19 슬라이드를 문장에 겹쳐서 검색하기

첫 단계에서는 [그림 4-20]과 같이 주어진 문장의 첫 글자(I)와 'LOVE' 슬라이드의 첫 글자(L)를 비교한다. 첫 글자가 다르면(I≠L), 두 번째 단계에서는 슬라이드를 오른쪽으로 한 칸 밀어 두 번째 글자와 비교한다. 두 번째 글자가 공백으로 다르므로, 세 번째 단계에서는 세 번째 글자와 비교한다. 세 번째 글자가 일치하면(L=L), 네 번째 단계에서는 슬라이드를 그대로 두고 네 번째 글자와 비교한다. 네 번째 글자가 일치하면(O=O), 다섯 번째 단계에서는 다섯 번째 글자와 비교한다. 다섯 번째 글자가 일치하면(V=V), 여섯 번째 단계에서는 여섯 번째 글자와 비교한다. 여섯 번째 글자가 일치하면(E=E), 원하는 단어를 찾았으므로 검색은 종료된다. 그리고 찾은 문장을 결과로 보여준다.

만약, 계속해서 비교하는 글자가 일치하지 않으면, 슬라이드를 오른쪽으로 한 칸씩 계속 밀어가며 문장의 마지막 글자까지 비교한 후 검색이 종료된다. 그리고 아무 것도 찾지 못했다는 결과를 보여준다.

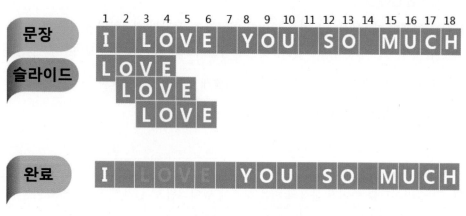

그림 4-20 문장에서 'LOVE' 검색하기

이와 같이 각 단계별로 글자가 일치하지 않으면 슬라이드를 오른쪽으로 한 칸씩 이동하며 검색할 수 있다. 각 단계 별로 주어진 문장의 글자와 슬라이드의 글자를 비교해가며, 두 글자가 같을 때와 같지 않을 때의 반복되는 패턴을 찾아 유사 코드로 표현하면 [그림 4-21]과 같다.

1. 문장의 글자 = 문장의 첫 글자

2. 슬라이드의 글자 = 슬라이드의 첫 글자

3. 향후 슬라이드 글자와 문장의 글자가 모두 일치할 때까지 다음 과정을 반복하기

   3.1 문장의 글자와 슬라이드의 글자가 일치하면,

      3.1.1 슬라이드의 글자 = 슬라이드의 다음 글자

   3.2 아니면,

      3.2.1 슬라이드의 글자와 슬라이드의 첫 글자가 일치하지 않으면,

         3.2.1.1 슬라이드의 글자 = 슬라이드의 첫 글자

   3.3 문장의 글자와 문장의 마지막 글자가 일치하지 않으면,

      3.3.1 문장의 글자 = 문장 글자의 다음 글자

   3.4 아니면,

      3.4.1 검색 종료

그림 4-21 단어 검색 알고리즘 유사 코드

이처럼 알고리즘에 앞에서 살펴본 컴퓨팅 사고의 반복이나 조건 처리가 빨간색 표시된 것처럼 사용된다.

문장에서 여러 개의 단어 찾기

문장에서 여러 개의 단어를 찾을 때는 어떻게 할까? 다음 문장에서 'LOVE'와 'SO'라는 단어를 어떻게 찾는지 생각해보자.

   예 I LOVE YOU SO MUCH.

여기서 'LOVE'를 슬라이드1에, 'SO'를 슬라이드2에 복사해 놓고, 주어진 문장 위에 겹쳐 놓고 처음부터 끝까지 슬라이드를 오른쪽으로 한 칸씩 이동하며 글자를 비교하여 찾아나간다.

[그림 4-22]에서 보듯이 [그림 4-21]과 동일한 방법으로 각 단계별로 'LOVE' 슬라이드1을 주어진 문장 위에 겹쳐 놓고 오른쪽으로 한 칸씩 밀어가며 비교하여 주어진 문장에서 'LOVE'를 찾는다.

그 다음 'SO'가 복사된 슬라이드2를 주어진 문장 위에 겹쳐 놓고 각 단계별로 오른쪽으로 한 칸씩 밀어가며 글자를 비교한다. 문장의 첫 글자(I)와 'SO' 슬라이드2의 첫 글자(S)를 비교한다. 첫 글자가 다르면(I≠S), 슬라이드2를 오른쪽으로 한 칸 밀어 두 번

째 글자와 비교한다. 두 번째 글자가 공백으로 다르면, 한 칸 밀어 세 번째 글자와 비교한다. 세 번째 글자도 다르면(L≠S), 슬라이드2를 오른쪽으로 한 칸 밀어 네 번째 글자와 비교한다. 네 번째 글자도 다르면(O≠S), 한 칸 밀어 다섯 번째 글자와 비교한다. 이렇게 계속 슬라이드2를 오른쪽으로 한 칸씩 밀어가며 글자를 비교해간다. 열두 번째 글자에서 일치하면(S=S), 슬라이드2를 그대로 두고 열세 번째 글자와 비교한다. 열세 번째 글자가 일치하면(O=O), 원하는 단어를 찾았으므로 검색은 종료된다. 그리고 찾은 문장을 결과로 보여준다.

이처럼 각 단어별로 문장의 처음부터 검색을 반복하여 여러 개의 단어가 포함된 문장을 찾는다.

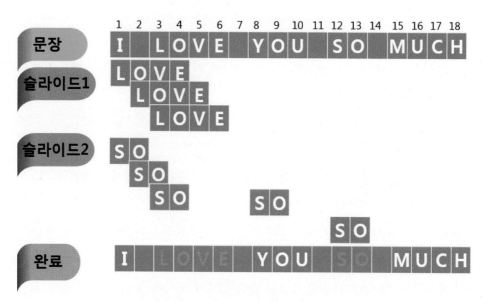

그림 4-22 문장에서 'LOVE'와 'SO' 검색하기

4.1 **반씩 나누어 검색하기**

[단답형]

1. 숫자 100개가 있는 리스트가 있다. 가장 간단하고 직접적으로 찾는 방법으로 첫 번째 값부터 시작하여 마지막 값까지 원하는 값이 있는지 순서대로 비교하여 찾는 방법은 (   ) 이다.

2. (   )은 어떠한 경우, 어떠한 용량의 데이터에 적용하더라도 원하는 결과를 얻을 수 있도록 만들어야 한다. 즉, 모든 경우, 모든 데이터 용량에 적용해도 원하는 결과가 나와야 한다.

3. 다음과 같이 순서대로 나열되지 않은 숫자들을 가지고 리스트에 없는 '21'을 찾아보려고 한다. '21'이 리스트에 없다는 것을 알기 위해 순차 검색과 이진 검색 방법을 사용하여 각각 몇 번의 검색 과정을 거쳐야 하는가?

55	22	32	71	3	64	43	130	90	87

4. 다음은 이진 검색 알고리즘의 유사 코드이다. 빈 부분을 채워라.

> 1. 향후 찾을 범위의 숫자가 아무 것도 없을 때까지 다음 과정을 반복하기
>   1.1 중간 값 = (최하 값+최고 값)/2
>   1.2 중앙 값 = 중간 값 자리에 있는 값
>   1.3 중간 값이 원하는 값과 일치하면,
>   - 찾기 완료
>   1.4 아니면,
>   1.4.1 (중앙 값 〈 원하는 값)이면,
>   - 중앙 값 바로 다음 값이 새로운 최하 값
>
>   ┌─────────────────────────────────┐
>   └─────────────────────────────────┘
>
>   1.4.2 아니면,
>   - 중앙 값 바로 이전 값이 새로운 최고 값
>
>   ┌─────────────────────────────────┐
>   └─────────────────────────────────┘

5. 이진 검색의 총 검색 횟수를 계산하는 수식은 무엇인가?

6. 일상 생활에서 검색하는 경우의 예를 세 개 적어라.

[서술형]

1. 이진 검색하는 방법을 설명하라.

2. 다음 중 이진 검색으로 '32'를 찾을 때, 몇 번의 검색으로 찾을 수 있을 수 있는가?

3	22	32	43	55	64	71	87	90	130

3. 순차 검색과 이진 검색의 장·단점을 비교 설명하라.

4.2 글자 검색하기

[단답형]

1. 문서에서 단어를 찾고자 할 때, 찾을 단어를 (   )라 하고 주어진 문장의 처음부터 끝까지 (   )를 오른 쪽으로 한 칸씩 밀어가며 글자를 비교하여 찾아나간다.

2. 다음과 같은 문장과 문장에서 찾을 조건이 주어졌을 때, 조건에 맞는 패턴은 무엇인가?

> ⑩ CAROL LIKES SAKE FROM OSAKA

　　1) 첫 문자는 'S'이어야 한다.
　　2) 두 번째와 네 번째 문자는 반드시 'A'이어야 한다.
　　3) 세 번째 문자는 'K'이어야 한다.

　　이 조건을 만족하는 패턴은 (   )이다.

[서술형]

1. 문서에서 여러 개의 조건에 맞는 단어를 찾는 방법을 설명하라.

2. 다음과 같은 결과가 나오도록 하는 찾을 조건과 패턴은 무엇인가? (단, 어떤 문자가 와도 상관 없고 몇 글자가 와도 상관 없는 경우는 *로 표기한다.)

> ㉮ CAROL, CARROT, SARA, TARGET 등

3. "포항", "지진"이라는 2개의 단어가 모두 포함된 문서를 찾는 과정을 그림으로 그려 설명하라.

> ㉮ 1. 포항서 규모 3.5 지진 13분 뒤…
>   2. 포항지진 두 달, 아직도 대피 행렬 '지진 후유증' 진행형

05 정렬하기

학습 목표

- 여러 숫자가 있을 때, 최솟(최댓)값을 찾아 순서대로 나열할 수 있다.
- 여러 숫자가 있을 때, 두 그룹씩 합치면서 순서대로 나열할 수 있다.

4장에서 살펴본 것처럼 이진 검색을 할 때, 찾을 대상이 미리 순서대로 나열되어 있어야만 검색이 가능하다. 그 만큼 순서대로 나열하기가 중요하다. 여기서 최솟(최댓)값을 찾아 순서대로 나열하는 방법과 두 그룹씩 합치면서 순서대로 나열하는 알고리즘을 배운다. 활동 문제를 이용하여 나열(정렬, sorting)하는 알고리즘을 더욱 확실히 배운다.

5.1 최솟(최댓)값 찾아 순서대로 나열하기

여러 숫자가 아무렇게나 놓여 있을 때, 숫자를 순서대로 나열하는 방법은 여러 가지가 있다. 그 중 여러 숫자 중에서 최솟값 또는 최댓값을 반복하여 찾아서 순서대로 나열하는 방법에 대해서 살펴보자.

5.1.1 순서대로 나열하기

은행에서 고객 정보를 어떻게 관리하는지 생각해보자. 고객 정보가 순서대로 나열되어 있지 않으면, 원하는 고객 정보를 쉽게 찾을 수 없어 고객 서비스를 제대로 할 수 없을 것이다. 은행에서는 고객 정보를 순서대로 나열하여 관리하고 있어 원하는 정보를 쉽고 빠르게 찾을 수 있다.

[그림 5-1]처럼 도서관의 책이 카테고리별로 저자 이름 순서대로 꽂혀 있을 경우와 아무렇게나 널려 있을 경우를 생각해보자. 책이 순서대로 꽂혀 있으면 도서관 사용자는 원하는 책을 금방 찾을 수 있고, 찾는 책이 없는 경우도 금방 알 수 있다. 그러나 책을 항상 순서대로 꽂아 두어야 하기 때문에 도서관 직원이나 도서관 사용자가 수고를 해야 한다.

출처: http://www.shinsung.ac.kr/sub/view.aspx?pcode=050902

그림 5-1 순서대로 꽂아 놓은 도서관의 책

5.1.2 컴퓨터처럼 순서대로 나열하기

컴퓨터는 모든 숫자를 한번에 보고 비교하지 못한다. 따라서 최솟값을 찾아 순서대로 나열할 때, [그림 5-2]와 같은 규칙을 적용해야 한다.

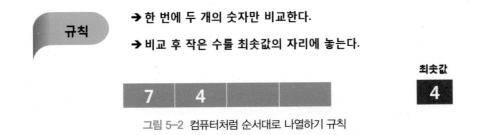

그림 5-2 컴퓨터처럼 순서대로 나열하기 규칙

네 개의 숫자 [7, 4, 11, 2]가 있더라도 앞에 7, 4 두 수만 비교하고, 두 수 중에서 작은 수가 4라는 것을 알아낸다. 네 개의 숫자 [7, 4, 11, 2]에서 최솟값을 찾아 컴퓨터처럼 순서대로 나열해보자.

첫 단계에서 처음에 최솟값이 없으니, [그림 5-3]처럼 처음 숫자 7을 최솟값 자리에 놓는다. 그리고 최솟값 '7'과 두 번째 숫자 4와 비교한다. 두 수 중에서 4가 작다. 4를 최솟값 자리에 놓는다. 그리고 최솟값 '4'와 세 번째 숫자 11을 비교한다. 두 수 중에서 여전히, '4'가 작다. 최솟값은 변동이 없다. 그리고 최솟값 '4'와 네 번째 숫자 2를 비교한다. 두 수 중에서 2가 작다. 2를 최솟값 자리에 놓는다. 네 개의 숫자 [7, 4, 11, 2] 중 가장 작은 수, 즉 최솟값이 '2'라는 것을 알았다. 이 '2'를 맨 앞에 있는 7과 자리를 교환(exchange)한다.

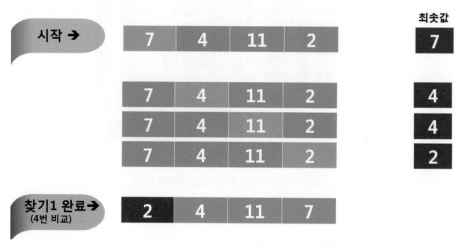

그림 5-3 컴퓨터처럼 순서대로 나열하기 1 단계

두 번째 단계에서는 [그림 5-4]의 첫 번째 줄에서 2를 제외한 나머지 세 개의 숫자 [4, 11, 7] 중에서 최솟값을 찾아보자.

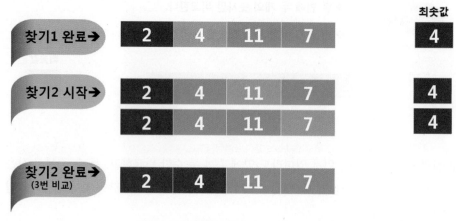

그림 5-4 컴퓨터처럼 순서대로 나열하기 2 단계

처음 숫자 4를 최솟값 자리에 놓는다. 그리고 최솟값 '4'와 세 번째 숫자 11을 비교한다. 두 수 중에서 '4'가 여전히 작다. 최솟값은 변동 없이 '4'이다. 그리고 최솟값 '4'와 네 번째 숫자 7을 비교한다. 두 수 중에서 여전히 '4'가 작다. 최솟값도 변동 없이 '4'이다. 세 개의 숫자 [4, 11, 7] 중 가장 작은 수, 즉 최솟값이 '4'라는 것을 알았다. 이 '4'를 두 번째 자리에 놓아야 한다. 그런데 그 자리는 원래 4의 자리이다. 그러면 자리의 변동은 없다.

세 번째 단계에서는 [그림 5-5]의 첫 번째 줄처럼 2와 4를 제외한 두 개의 숫자 [11, 7]이 남았다.

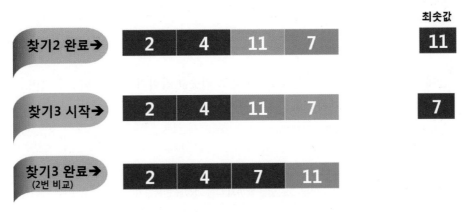

그림 5-5 컴퓨터처럼 순서대로 나열하기 3 단계

처음 숫자 11을 최솟값 자리에 놓는다. 그리고 최솟값 '11'과 네 번째 숫자 7을 비교한다. 두 수 중에서 7이 작다. '7'을 최솟값 자리에 놓는다. 두 개의 숫자, [11, 7] 중 작은 수, 즉 최솟값이 '7'이라는 것을 알았다. 이 '7'을 세 번째 자리에 있는 11과 자리를 교환한다. 이제는 네 번째 11 하나만 남았다. 더 비교할 숫자가 없으니, 순서대로 나열하기를 끝낸다.

처음에 네 개의 숫자 [7, 4, 11, 2]가 있었는데, [2, 4, 7, 11]로 순서대로 나열되었다. 컴퓨터는 이런 방식으로 순서대로 나열한다.

활동 문제 1 　다음의 숫자들을 앞에서 설명한 방법으로 나열해보자.

그림 5-6 순서대로 나열하기 예제 1

이처럼 최솟(최댓)값 찾아 순서대로 나열하는 방법을 선택 정렬(selection sort)이라고 한다. 선택 정렬의 핵심적인 규칙은 [그림 5-7]과 같다.

1. 주어진 리스트 중에 최솟(최댓)값을 찾는다.
2. 그 값을 맨 앞에 위치한 값과 교환한다.
3. 맨 처음 위치를 뺀 나머지 리스트를 같은 방법으로 교환한다.

그림 5-7 선택 정렬의 규칙

각 단계별로 주어진 리스트의 숫자를 순서대로 최솟값 자리의 숫자와 비교해 가며, 최 솟값을 찾아 처음 값과 자리를 교환하는 규칙이 반복되는 패턴을 찾아 유사 코드로 표 현하면 [그림 5-8]과 같다.

> 1. 향후 순서대로 나열할 숫자가 아무 것도 없을 때까지 다음 과정을 반복하기
>   1.1 최솟값 = 처음 값
>   1.2 다음 값부터 마지막 값까지 다음 과정을 반복하기
>   1.2.1 (다음 값 〈 최솟값) 이면,
>   – 최솟값 = 다음 값
>   1.2.1 다음 값 = 다음 값의 다음 값
>   1.3 처음 값과 최솟값 자리 교환하기
>   1.3.1 처음 값 = 다음 값

그림 5-8 선택 정렬 알고리즘의 유사 코드

이처럼 알고리즘에 앞에서 살펴본 컴퓨팅 사고의 반복이나 조건 처리가 빨간색 표시 된 것처럼 사용된다.

순서대로 나열할 때, 작은 수에서 큰 수 순서로 나열하는 것을 오름차순 정렬 (ascending sort)라고 한다. 순서가 있다면, 그 어떤 데이터도 순서대로 나열하기가 가능하다.

다음은 숫자, 영문자, 한글의 오름차순 정렬의 예이다.

예 2, 4, 7, 9, 11…

예 a, b, c, d, e, f, g …

예 ㄱ, ㄴ, ㄷ, ㄹ, ㅁ, ㅂ, …

이외에 키보드의 특수 문자도 순서대로 나열할 수 있다. 아스키 코드 값으로 순서가 정해져 있기 때문에 가능하다. 대표적인 영문자(A, a)와 숫자(0)의 아스키 코드 값은 다음과 같다.

대표적인 아스키 코드 값: 'A'= 65, 'a'= 97, '0'= 48

특수 키의 경우, '#'=35, '$'=36, '%'=37과 같이 순서가 정해져 있다. 다음은 특수 문자의 오름 차순 정렬의 예이다.

예 #, $, %, &, *, +

영문자, 숫자, 특수 문자 등 출력 가능한 아스키 코드 값은 [그림 5-9]와 같다.

2진법	십진법	모양	2진법	십진법	모양	2진법	십진법	모양
010 0000	32	SP	100 0000	64	@	110 0000	96	`
010 0001	33	!	100 0001	65	A	110 0001	97	a
010 0010	34	"	100 0010	66	B	110 0010	98	b
010 0011	35	#	100 0011	67	C	110 0011	99	c
010 0100	36	$	100 0100	68	D	110 0100	100	d
010 0101	37	%	100 0101	69	E	110 0101	101	e
010 0110	38	&	100 0110	70	F	110 0110	102	f
010 0111	39	'	100 0111	71	G	110 0111	103	g
010 1000	40	(	100 1000	72	H	110 1000	104	h
010 1001	41	)	100 1001	73	I	110 1001	105	i
010 1010	42	*	100 1010	74	J	110 1010	106	j
010 1011	43	+	100 1011	75	K	110 1011	107	k
010 1100	44	,	100 1100	76	L	110 1100	108	l
010 1101	45	-	100 1101	77	M	110 1101	109	m
010 1110	46	.	100 1110	78	N	110 1110	110	n
010 1111	47	/	100 1111	79	O	110 1111	111	o
011 0000	48	0	101 0000	80	P	111 0000	112	p
011 0001	49	1	101 0001	81	Q	111 0001	113	q
011 0010	50	2	101 0010	82	R	111 0010	114	r
011 0011	51	3	101 0011	83	S	111 0011	115	s

· · · ·　　· · · · ·　　· · · · ·　　· · · ·

그림 5-9 출력 가능한 아스키 문자표

활동 문제 2 큰 수에서 작은 수 순서로 나열해 보고 싶을 때는 어떻게 할까? 순서대로 나열할 때, 큰 수에서 작은 수 순서로 나열하는 방법을 내림차순 정렬(descending sort)라고 한다. 다음의 숫자들을 큰 수에서 작은 수의 순서대로 나열해보자.

그림 5-10 선택 정렬 예제 2

- 위의 숫자를 하나씩 나누어준 포스트잇에 쓴다.
- 마지막에 아무것도 쓰지 않은 포스트잇(최댓값용)을 놓는다.
- 팀원들과 함께 컴퓨터처럼 내림차순 정렬을 해보자.
  (단, 최댓값용 포스트잇에는 한 번 검색이 완료될 때마다 최댓값으로 사용된 흔적이 기록되어야 한다.)

다음의 숫자들을 컴퓨터처럼 큰 수에서 작은 수의 순서대로 나열해보자.

| 12 | 3 | 5 | 8 | 15 | 11 | 14 |

그림 5-11 선택 정렬 예제 3

- 위의 숫자를 하나씩 나누어준 포스트잇에 쓴다.
- 마지막에 아무것도 쓰지 않은 포스트잇(최댓값용)을 놓는다.
- 팀원들과 함께 컴퓨터처럼 큰 수에서 작은 수의 순서대로 나열해보자.
  (단, 최댓값용 포스트잇에는 한 번 검색이 완료될 때마다 최댓값으로 사용된 흔적이
  기록되어야 한다.)

한 번에 완벽한 알고리즘을 생각해 내는 것은 쉽지 않다. 일반적으로 여러 가지 예제를 가지고 공통점과 특이한 점을 찾아내고, 이것을 모두 반영하여 해결할 수 있는 최적의 방법을 찾아 나간다.

특히, 수와 관련된 알고리즘을 생각할 때, 간과하기 쉬운 0, 음수, 절대값이 아주 큰 수(예 1,000,000) 등도 포함하여 생각해야 한다. 리스트의 경우는 값이 매우 많은 경우(예 값이 100,000,000 개 이상)를 고려해야 한다. 이진 검색을 할 때는 리스트의 값의 개수가 홀수 개인 경우와 짝수 개인 경우의 예제를 모두 다루어야 하고, 정렬할 때는 리스트에 값이 한 개, 두 개, 0 개일 때 등도 예제로 다루어야 한다.

이런 특이점을 반영하고 여러 가지 특이한 예제를 추가로 고려하는 작업을 반복하며 더 정확한 알고리즘을 찾아가게 된다. 다양한 많은 예제를 분석하여 각 단계별로 적용되는 규칙의 공통적인 패턴을 찾고 각 예외 사항의 경우는 어떻게 처리할지 고려하는 것을 반복적으로 수행하며 최종 알고리즘에 도달하게 된다.

이렇게 찾은 알고리즘은 시험을 통하여 철저한 검증 과정을 거쳐야 한다. 알고리즘 만드는 과정 중에 이미 고려한 모든 예제와 예외 사항을 대입했을 때 문제가 없는지 확인해야 한다. 그리고 알고리즘을 구현한 코드를 시험을 통하여 알고리즘에 오류가 없음을 반드시 증명해야 한다.

5.2 두 그룹씩 합치면서 순서대로 나열하기

순서 없이 숫자가 한 개씩 있는 네 개의 그룹 [13], [9], [25], [11]을 두 그룹씩 합쳐(합병, merge)보자. 첫 번째 단계에서는 [그림 5-12]처럼, 한 개씩 있는 그룹 [13]과 [9]를 두 개씩 있는 그룹으로 만들어야 한다. 13과 9를 비교하여 작은 9를 먼저 그룹에 저장한다. 그리고 13을 저장한다. 나머지 한 개씩 있는 그룹 [25]와 [11]도 두 개씩 있는 그룹으로 만들어야 한다. 25와 11을 비교하여 작은 11을 먼저 그룹에 저장한다. 그리고 25를 저장한다.

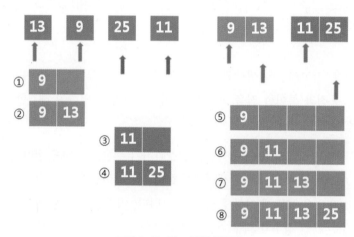

그림 5-12 두 그룹씩 합치기

두 번째 단계에서는 두 개씩 있는 그룹 [9, 13]과 [11, 25]을 네 개가 있는 하나의 그룹으로 만들어야 한다. 먼저, 각 그룹의 앞에 있는 숫자 9와 11을 비교하여 작은 9를 먼저 그룹에 저장한다. 9 다음에 있는 13과 11을 비교하여 작은 11을 먼저 그룹에 저장한다. 11의 다음에 있는 25와 13을 비교하여 작은 13을 먼저 그룹에 저장한다. 마지막으로 남은 25를 저장한다. 따라서 최종 결과는 [9, 11, 13, 25]가 된다.

이처럼 순서대로 되어 있지 않던 수를 두 그룹씩 합치면서 두 그룹에 속한 수들을 순서대로 비교하며 작은 수를 새로운 그룹에 먼저 저장하는 규칙을 적용하여 순서대로 나열하기를 할 수 있다.

5.2.1 순서대로 나열하기

컴퓨터처럼 순서대로 나열하는 방법인 두 그룹씩 합치면서 순서대로 나열하기(합병
정렬, merge sorting)는 두 그룹씩 합치면서 리스트가 순서대로 모두 나열될 때까
지 반복한다. [그림 5-13]처럼 여덟 개의 수를 두 그룹씩 합치면서 순서대로 나열해
보자.

그림 5-13 합병 정렬

첫 번째 단계로 [그림 5-14]의 첫 줄 여덟 개의 숫자부터 두 그룹씩 합치면서 순서대
로 나열하기를 시작한다.

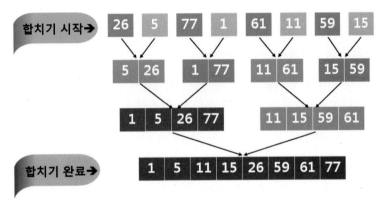

그림 5-14 두 그룹씩 합치면서 순서대로 나열하기 과정 1

처음 [26]과 [5]를 합치며, [5, 26]으로 순서대로 나열한다. 그 다음 두 수 [77]과 [1]
을 합치며, [1, 77]로 순서대로 나열한다. 그 다음 두 수 [61]과 [11]을 합치며, [11, 61]
로 순서대로 나열한다. 그 다음 두 수 [59]와 [15]를 합치며, [15, 59]로 순서대로 나열
한다.

두 번째 단계로 [그림 5-14]의 두 번째 줄의 두 개씩 네 그룹의 숫자를 해결하기 시작
한다. 처음 [5, 26]과 [1, 77]를 합치며, [1, 5, 26, 77]로 순서대로 나열한다. 그 다음
두 그룹 [11, 61]과 [15, 59]를 합치며, [11, 15, 59, 61]로 순서대로 나열한다.

세 번째 단계로 [그림 5-14]의 세 번째 줄의 두 그룹의 숫자를 합치기를 시작한다. [1, 5, 26, 77]과 [11, 15, 59, 61]을 합치며, [1, 5, 11, 15, 26, 59, 61, 77]로 순서대로 나열한다. 이렇게 수를 두 그룹씩 합치며, 순서대로 나열한다.

[활동 문제 4] 다음의 숫자들을 포스트잇을 이용하여 합병 정렬 방식으로 오름차순 정렬을 해 보자.

23	4	31	52	1	59	66	11

그림 5-15 합병 정렬 예제 1

- 위의 숫자를 하나씩 나누어준 포스트잇에 쓴다.
- 숫자 간격을 띄워 준다.
- 두 그룹씩 합치기 과정을 거치면서 순서대로 나열해보자.

홀수 개 그룹의 합병 정렬하기

그룹에 홀수 개의 숫자가 있을 때, 두 그룹씩 합치면서 순서대로 나열해 보자. 첫 번째 단계로 [그림 5-16]처럼 첫 줄의 각 수를 두 그룹씩 합치면서 순서대로 나열한다.

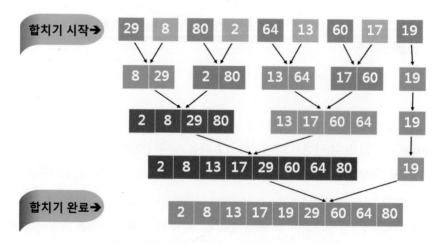

그림 5-16 두 그룹씩 합치면서 순서대로 나열하기 과정 2

처음 [29]와 [8]을 합치며, [8, 29]로 순서대로 나열한다. 그 다음 두 수 [80]과 [2]를 합치며, [2, 80]으로 순서대로 나열한다. 그 다음 두 수 [64]와 [13]을 합치며, [13, 64]로 순서대로 나열한다. 그 다음 두 수 [60]과 [17]을 합치며, [17, 60]으로 순서대로 나열한다. 그 다음 수 [19]는 합칠 것이 없으니 그냥 둔다. 이처럼 다른 '짝'이 없는 그룹이 생기면, '짝'이 생길 때까지 그냥 둔다.

두 번째 단계로 [그림 5-16]의 두 번째 줄처럼 다섯 그룹의 숫자를 나열하기 시작한다. 처음 [8, 29]와 [2, 80]을 합치며, [2, 8, 29, 80]으로 순서대로 나열한다. 그 다음 두 그룹 [13, 64]와 [17, 60]을 합치며, [13, 17, 60, 64]로 순서대로 나열한다. 그 다음 [19]는 합칠 것이 없으니 그냥 둔다.

세 번째 단계로 [그림 5-16]의 세 번째 줄의 세 그룹의 숫자를 합치기 시작한다. [2, 8, 29, 80]과 [13, 17, 60, 64]를 합치며, [2, 8, 13, 17, 29, 60, 64, 80]으로 순서대로 나열한다. 그 다음 [19]는 여전히 합칠 것이 없으니 그냥 둔다.

네 번째 단계로 [그림 5-16]의 네 번째 줄의 두 그룹의 숫자를 합치기를 시작한다. 네 번째는 [2, 8, 13, 17, 29, 60, 64, 80]과 [19]를 합치며, [2, 8, 13, 17, 19, 29, 60, 64, 80]으로 순서대로 나열한다. 이렇게 아홉 개의 수를 두 그룹씩 합치며, 순서대로 나열한다.

활동 문제 5 다음의 숫자들을 포스트잇을 이용하여 두 그룹씩 합치면서 순서대로 나열하는 방식으로 내림차순으로 정렬해보자.

| 25 | 6 | 33 | 54 | 2 | 68 | 13 | 57 | 18 |

그림 5-17 두 그룹씩 합치면서 순서대로 나열하기 예제 2

- 위의 숫자를 하나씩 나누어준 포스트잇에 쓴다.
- 숫자 간격을 띄워준다.
- 두 그룹씩 합치기 과정을 거치며, 순서대로 나열해보자.

이렇게 나열하는 방법의 핵심은 [그림 5-18]과 같다.

1. 순서대로 나열할 값이 0 또는 1이면, 이미 순서대로 나열된 것으로 본다.
2. 각 부분 값들을 두 그룹씩 합치면서 순서대로 나열한다.
3. 두 부분 값들을 다시 하나의 순서대로 나열된 리스트로 합친다.

그림 5-18 합병 정렬 알고리즘

앞에서 선택 정렬과 합병 정렬에 대해서 살펴보았다. 이처럼 순서가 있는 것은 모두 순서대로 나열하기가 가능하다. 영어는 알파벳 순서가 있고, 한글도 자음/모음 순서가 있어서 순서대로 나열할 수 있다. [그림 5-19]는 영어 이름 중 성(last name)을 알파벳 순서로 나열한 예이다.

2	Homeroom	First Name	Last Name	T-Shirt Size
3	110	Kris	Ackerman	Large
4	105	Nathan	Albee	Medium
5	220-B	Samanitha	Bell	Medium
6	110	Matt	Benson	Medium
7	105	Christiana	Chen	Medium
8	110	Gabriel	Del Toro	Medium
9	220-A	Brigid	Ellison	Small
10	220-A	Juan	Flores	X-Large
11	220-B	Tyrese	Hanlon	X-Large

그림 5-19 영어 알파벳 순서로 나열하기

[그림 5-20]은 한글 이름을 자음 순서로 나열한 예이다. 반 학생의 이름이 나열되기 전인 데이터와 순서대로 나열한 후의 데이터가 있다.

	A	B	C	D
1	이름	국어	영어	수학
2	이원종	99	88	74
3	임태정	88	99	100
4	전현숙	100	87	84
5	정종국	93	98	85
6	한태훈	95	97	75
7	황보연	98	95	91
8	김도호	97	78	85
9	김을동	90	80	93
10	박재욱	87	79	94
11	양정우	80	80	92
12	이한회	79	91	84
13	김태희	84	82	79
14	박보검	90	85	80
15	신세경	100	95	80
16	신현준	85	96	100
17	이보나	93	84	90
18	한현준	86	90	84

순서대로 나열하기 전 데이터

	A	B	C	D
1	이름	국어	영어	수학
2	김도호	97	78	85
3	김을동	90	80	93
4	김태희	84	82	79
5	박보검	90	85	80
6	박재욱	87	79	94
7	신세경	100	95	80
8	신현준	85	96	100
9	양정우	80	80	92
10	이보나	93	84	90
11	이원종	99	88	74
12	이한회	79	91	84
13	임태정	88	99	100
14	전현숙	100	87	84
15	정종국	93	98	85
16	한태훈	95	97	75
17	한현준	86	90	84
18	황보연	98	95	91

순서대로 나열하기 후 데이터

그림 5-20 한글 오름차순 정렬 1

순서대로 나열하기를 할 때, 두 가지 이상의 속성으로 순서대로 나열하는 것도 가능하다. 이 때 먼저 고려하는 속성을 주(major)속성이라고 하고, 다음으로 고려하는 속성을 부(minor)속성이라고 한다. [그림 5-21]처럼 순서대로 나열되지 않은 데이터를 '거주지'를 주속성으로 먼저 순서대로 나열한다.

	A	B	C	D	E
1	거주지	이름	국어	영어	수학
2	수정구	김도호	97	78	85
3	수정구	박재욱	87	79	94
4	수정구	양정우	80	80	92
5	수정구	김을동	90	80	93
6	중원구	김태희	84	82	79
7	중원구	이보나	93	84	90
8	중원구	박보검	90	85	80
9	송파구	전현숙	100	87	84
10	송파구	이원종	99	88	74
11	중원구	한현준	86	90	84
12	수정구	이한회	79	91	84
13	송파구	황보연	98	95	91
14	중원구	신세경	100	95	80
15	중원구	신현준	85	96	100
16	송파구	한태훈	95	97	75
17	송파구	정종국	93	98	85
18	송파구	임태정	88	99	100

순서대로 나열하기 전 데이터

	A	B	C	D	E
1	거주지	이름	국어	영어	수학
2	송파구	전현숙	100	87	84
3	송파구	이원종	99	88	74
4	송파구	황보연	98	95	91
5	송파구	한태훈	95	97	75
6	송파구	정종국	93	98	85
7	송파구	임태정	88	99	100
8	수정구	김도호	97	78	85
9	수정구	박재욱	87	79	94
10	수정구	양정우	80	80	92
11	수정구	김을동	90	80	93
12	수정구	이한회	79	91	84
13	중원구	김태희	84	82	79
14	중원구	이보나	93	84	90
15	중원구	박보검	90	85	80
16	중원구	한현준	86	90	84
17	중원구	신세경	100	95	80
18	중원구	신현준	85	96	100

순서대로 나열하기 후 데이터

그림 5-21 한글 오름차순 정렬 2

'거주지' 순으로 오름차순 정렬 후, 부속성인 '이름' 순으로 오름차순 정렬하면, [그림 5-22]와 같다.

	A	B	C	D	E
1	거주지	이름	국어	영어	수학
2	송파구	이원종	99	88	74
3	송파구	임태정	88	99	100
4	송파구	전현숙	100	87	84
5	송파구	정종국	93	98	85
6	송파구	한태훈	95	97	75
7	송파구	황보연	98	95	91
8	수정구	김도호	97	78	85
9	수정구	김을동	90	80	93
10	수정구	박재욱	87	79	94
11	수정구	양정우	80	80	92
12	수정구	이한희	79	91	84
13	중원구	김태희	84	82	79
14	중원구	박보검	90	85	80
15	중원구	신세경	100	95	80
16	중원구	신현준	85	96	100
17	중원구	이보나	93	84	90
18	중원구	한현준	86	90	84

'거주지' 순으로 오름차순 정렬 후, '이름' 순으로 오름차순 정렬한 데이터

그림 5-22 한글 오름차순 정렬 3

순서가 있는 것은 모두 순서대로 나열하기가 가능한데, [그림 5-23]과 같이 소리도 크기가 있어 정렬이 가능하다.

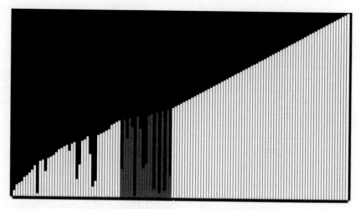

출처: https://www.youtube.com/watch?v=kPRA0W1kECg

그림 5-23 소리의 크기 순으로 나열하기

[그림 5-24]와 같이 색도 밝기 순으로 정렬이 가능하다.

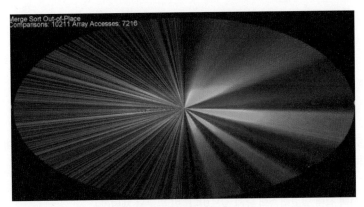

출처: https://www.youtube.com/watch?v=IjMETya5k

그림 5-24 색의 밝기 순으로 나열하기

5.1 최솟(최댓)값 찾아 순서대로 나열하기

[단답형]

1. 순서대로 나열되지 않은 100개의 숫자 리스트가 있다. 이런 리스트에서 최솟(최댓)값을 찾아 순서대로 나열하는 방법을 (   )이라고 한다.

2. 다음은 선택 정렬 알고리즘의 유사 코드이다. 빈 부분을 채워라.

> 1. 향후 순서대로 나열할 숫자가 아무 것도 없을 때까지 다음 과정을 반복하기
>   1.1 최솟값 = 처음 값
>   1.2 다음 값부터 마지막 값까지 다음 과정을 반복하기
>   1.2.1 (다음 값 〈 최솟값) 이면,
>
>   ⎣_____⎦
>
>   1.2.2 다음 값 = 다음 값의 다음 값
>   1.3 처음 값과 최솟값 자리 교환하기
>   1.3.1 처음 값 = 다음 값

[서술형]

1. 컴퓨터처럼 순서대로 나열하기 규칙을 설명하라.

2. 다음 숫자를 선택 정렬할 때, 정렬이 끝날 때까지 몇 번의 비교와 교환을 하는가?

| 13 | 6 | 7 | 15 | 18 | 10 |

3. 다음 숫자를 선택 정렬할 때, 정렬이 끝날 때까지 몇 번의 비교와 교환을 하는가?

| 6 | 7 | 13 | 10 | 15 | 18 |

4. 일상 생활에서 선택 정렬이 가능한 예를 세 가지 이상 적어라.

5.2 두 그룹씩 합치면서 순서대로 나열하기

[단답형]

1. 컴퓨터처럼 정렬하는 방법으로 두 그룹씩 합치면서 순서대로 나열하는 방법인 (   ) 은 리스트가 하나가 될 때까지 반복한다.

2. 정렬할 때, 두 가지 이상의 속성으로 정렬이 가능하다. 이 때 먼저 고려하는 속성을 (   )이라고 하고, 다음으로 고려하는 속성을 (   )이라고 한다.

[서술형]

1. 다음과 같이 짝수 개의 숫자들을 가지고 합병 정렬할 때 그 과정을 그림으로 그리고 합병이 몇 번 나타나는지 설명하라.

| 15 | 1 | 23 | 44 | 3 | 58 | 33 | 47 | 19 | 28 |

2. 다음과 같이 홀수 개의 숫자들을 가지고 합병 정렬을 할 때, 그 과정을 그림으로 그리고 합병이 몇 번 나타나는지 설명하라.

| 28 | 5 | 33 | 48 | 4 | 54 | 71 | 67 | 17 |

06 기타 주요 알고리즘

학습 목표

- 시저 알고리즘으로 암호문을 만들고 해독할 수 있다.
- 동시 사용자 충돌 문제를 해결하는 알고리즘을 이해할 수 있다.

앞에서 살펴본 검색이나 정렬 알고리즘 이외에 알고리즘은 데이터 암호화에도 널리 이용된다. 최근에 컴퓨터 성능이 좋아지고 네트워크 사용이 일반화되면서 두 사람 이상이 동시에 같은 자원을 사용하는 충돌 문제가 많이 발생하게 되었다. 이런 충돌 문제를 해결하는 방법으로도 알고리즘이 이용된다. 여기서는 암호화 알고리즘과 동시 사용자 알고리즘에 대해 배운다. 활동 문제를 이용하여 이 두 알고리즘을 확실히 배운다.

6.1. 암호

일상 생활에서 보안에 대해 자주 듣게 된다. 하지만 보안은 무엇이라고 쉽게 말할 수 없는 경우가 많다. 보안하면 어렵고, 보안 전문가들만이 관련된 일로 생각하기 쉽지만 누구나 관심을 갖고 주변의 보안 기술을 활용할 필요가 있다. 여기서 보안의 한 방법인 시저 암호화 알고리즘에 대해 살펴보자.

6.1.1 일상 생활에서 보안

해킹에 대해 생각해 보자. 해킹은 우리 집에 누군가가 침입하는 것과 비슷하다. 침입하는 것을 막기 위해 우리는 집의 문을 잠그고 다닌다. [그림 6-1]처럼 자물쇠나 번호를 누르는 도어락 등을 사용하고 있다. 이처럼 침입을 막는 것이 보안이다.

출처: http://blog.naver.com/PostView.nhn?blogId=alwaysneoi&logNo=100177974777&parentCategoryNo=&categoryNo=&
viewDate=&isShowPopularPosts=false&from=postView, https://www.wadiz.kr/web/campaign/detail/11132

그림 6-1 자물쇠와 출입문의 비밀번호

내 스마트폰의 정보가 유출된다고 상상해 보자! 끔찍하지 않은가? 그래서 우리는 [그림 6-2]처럼 패턴이나 비밀번호를 걸어 잠가 놓는다.

출처: http://skyvega.tistory.com/594

그림 6-2 스마트폰의 패턴

군에서 기밀이 유출되는 경우도 생각해보자. 군사 기밀의 유출은 한 나라가 망할 수도 있는 중대한 문제가 된다. 이 외에도 일상 생활에서 해킹을 막기 위한 방법은 어떤 것이 있는지 생각해보자. 경비업체인 세콤이나 캡스도 보안 업체 중 하나이다.

암호화

암호화의 특징에 대해 생각해보자. 암호화(encryption)는 특별한 지식을 소유한 사람들을 제외하고는 아무도 읽어볼 수 없도록 알고리즘을 이용하여 정보를 전달하는 것이다. 이 과정에서 암호화 알고리즘을 통해 암호화된 정보가 만들어진다. 이에 역행하는 과정을 해독(decryption)이라고 하며, 암호화된 메시지를 해독하면 원래의 정보를 다시 읽을 수 있다. 암호화는 군에서 기밀이 유출되는 것을 방지하기 위해 오랫동안 이용되어 왔다.

암호화의 특징은 무엇일까? 다른 사람의 접근을 막기 위해 사용되는 보안 기술 중에 암호화가 많이 사용된다. 그런 암호화의 특징은 [그림 6-3]과 같다.

1. 암호를 푸는 것이 어려워야 한다.

　　　　(아무나 풀 수 없도록)

2. 그러나 정당한 수신자는 풀 수 있어야 한다.

　　　　(비밀리에 전달이 목적이므로)

그림 6-3 암호화의 특징

6.1.2 시저 암호 알고리즘

줄리어스 시저는 기원전 100년경 로마에서 활약했던 장군으로 브루투스에게 죽었다. 그런데 암살 전에 부하가 시저에게 메시지를 보냈다고 한다. 시저가 메시지의 내용을 알았어도 죽었을까?([그림 6-4] 참조) 부하가 시저에게 보낸 메시지 내용을 알았다면 죽지 않았을 것이다.

출처: http://premium.chosun.com/site/data/html_dir/2014/09/04/2014090401975.html?Dep0=twitter

그림 6-4 시저와 브루투스

부하가 시저에게 보낸 메시지 내용은 [그림 6-5]와 같다. 암호문을 어떻게 풀 수 있을까?

EHZDUH RI DVVDVVLQ

그림 6-5 부하가 시저에게 보낸 메시지의 내용

시저 암호 또는 카이사르 암호(Caesar cipher)는 기원전 100년경에 줄리어스 시저가 사용했다고 전해지는 암호이다. 암호화하고자 하는 내용을 알파벳별로 일정한 거리만큼 밀어서 다른 알파벳으로 대체하는 방식이다. [그림 6-6]처럼 알파벳을 3문자씩 오른쪽으로 평행 이동시키는 규칙을 적용하여 단어를 표현한다.

• 알파벳을 3문자씩 평행 이동시키기

3문자
이동

참고: 평행 이동시킨 결과도 역시 소문자가 나와야 하는데,
암호화된 문자라는 표시로 대문자를 사용함

그림 6-6 시저 암호의 알고리즘

[그림 6-6]에서 평행 이동시킨 결과 역시 소문자이지만, 암호화된 문자라는 표시로 대문자를 사용한다. 오른쪽으로 이동하는 거리만큼의 숫자가 키(key)가 된다. 오른쪽으로 3번 이동하면, 키는 3이 되고, 'a'를 오른쪽으로 3번 이동하면 'D'가 된다.

'kabsoonyee(갑순이)' 암호화하기

'kabsoonyee(갑순이)'를 시저 암호로 암호화하면 어떻게 될까? [그림 6-7]처럼 암호화 할 수 있으며, 구체적인 방법은 다음과 같다.

k → N, a → D, b → E, s → V, o → ⟩R,
o → R, n → Q, y → B, e → H, e → ⟩H

그림 6-7 시저 암호에 의한 암호화

[그림 6-8]처럼 시저 암호화를 하면, 'kabsoonyee'가 암호문 'NDEVRRQBHH'가 된다. 시저 암호에서 "알파벳 문자를 평행이동시킨다"는 조작이 "암호화 알고리즘"에 해당되고, 평행이동시키는 문자 수가 "키"가 된다.

예 평문 "kabsoonyee"를 암호화 하기

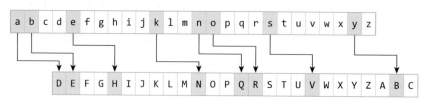

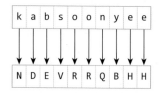

그림 6-8 "갑순이(kabsoonyee)"의 시저 암호화

시저 암호의 암호화 방법에서 오른쪽으로 3글자 이동하는 규칙을 적용하여 반복되는 패턴을 유사 코드로 표현하면 [그림 6-9]와 같다.

> 1. 기준 문자 = 암호화할 문장의 첫 문자
> 2. 암호화할 문장의 마지막 문자가 될 때까지 다음 과정을 반복하기
>   2.1 기준 문자와 암호화할 문장의 마지막 문자가 일치하면,
>   – 완료
>   2.2 아니면,
>   – 알파벳 3글자 오른쪽으로 이동하기
>   – 기준 문자 = 암호화할 문장의 다음 문자

그림 6–9 시저 암호화 알고리즘의 유사 코드

이처럼 알고리즘에 앞에서 살펴본 컴퓨팅 사고의 반복이나 조건 처리가 빨간색 표시된 것처럼 사용된다.

'NDEVRRQBHH' 해독하기

시저 암호의 해독은 [그림 6-10]처럼 역방향, 즉 왼쪽으로 3번 평행 이동시키면 된다.

- 시저 암호의 해독은 역방향 평행이동임(키는 −3)

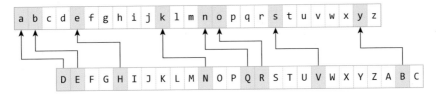

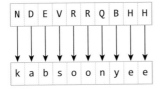

그림 6-10 시저 암호 해독

갑순이의 암호문 'NDEVRRQBHH'을 암호화 키 −3(역방향 3)만큼 이동하면, [그림 6-11]처럼 암호가 풀려 원래 내용(평문)이 나온다. 방법은 다음과 같다.

N → k, D → a, E → b, V → s, R → o,
R → o, Q → n, B → y, H → e, H → e

그림 6-11 시저 암호에 의한 복호화

이렇게 시저 암호를 해독(복호화)하면 'NDEVRRQBHH'가 'kabsoonyee'가 된다. 즉, 암호가 풀린다. [그림 6-12]처럼 부하가 시저에게 보낸 메시지의 암호를 해독해 보자.

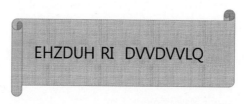

그림 6-12 부하가 시저에게 보낸 메시지의 암호

부하가 보낸 메시지의 암호를 해독한 내용은 [그림 6-13]과 같다.

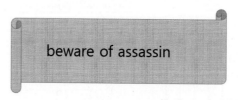

그림 6-13 부하가 보낸 메시지의 암호를 해독한 내용

의미는 'beware of assassin(암살자를 조심 해라)'이 된다. 시저가 암호를 풀었더라도, 브루투스에게 죽었을까?

6.1.3 컴퓨터처럼 암호 해독하기

키를 모르는데, 암호화된 메시지를 해독할 수 있을까?

활동 문제 1 다음의 암호화된 메시지를 해독해 보자.

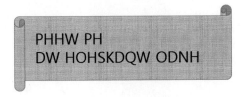

그림 6-14 암호화된 메시지

[그림 6-15]는 해독한 메시지의 내용이다. 암호 해독이 쉽다. 키가 3이라는 것을 알았기 때문이다.

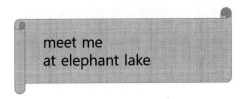

그림 6-15 해독된 메시지

키를 모르는 스파이 또는 해커가 암호화된 메시지('DNEVRRQBHH')를 보고 원래의 메시지('kabsoonyee')를 알 수 있는 방법은 없을까? 어떤 방법이 있을지 생각해보자.

시저 암호는 알파벳을 평행 이동시키는 문자 수가 키가 된다. 알파벳은 26문자이므로 암호회 키는 0~25까지 26가지밖에 없다. 이 26가지 키를 순서대로 사용해서 [그림 6-16]처럼 암호를 해독해보자.

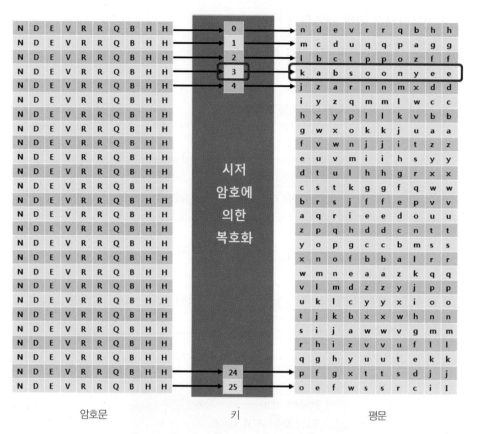

암호문	키	평문

그림 6-16 암호화 키를 모르는 상태에서 암호 해독하기

'DNEVRRQBHH'이 암호문에 대해 암호화 키를 0부터 25까지 사용해서 각각 해독해보자. 해독된 내용중에 의미 있는 단어가 있는지 찾아보자. 키가 3인 부분에 'kabsoonyee'가 있다는 것을 알 수 있다. 따라서 암호화 키가 3이라는 것을 알 수 있다.

활동 문제 2 다음과 같은 메시지의 암호화 키를 찾아 해독해 보자.

JVTL IHJR OVTL

그림 6-17 암호문 예

암호화 키를 0부터 25까지 해보았더니, [그림 6-18]처럼 암호화 키가 7일 때, 해독한 메시지의 내용은 "come back home"이 된다.

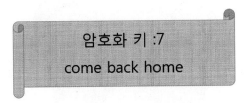

그림 6-18 암호 해독문

활동 문제 3　각 팀장들에게 2장의 포스트잇을 나누어 주고, 암호문을 만들어 다른 팀에 전달하자. 그리고 각 팀은 그것을 해독해보자.

1. 팀장은 앞으로 나온다.
2. 간단한 문장의 암호문을 작성한다.
   2.1 한 장의 포스트잇에 암호문만을 작성한다.
   2.2 다른 한 장에는 원래의 문장과 암호문을 작성한다.
3. 2.1에서 작성한 암호문을 다른 팀과 교환한다.
4. 2.2에서 작성한 포스트잇을 앞에 제출한다.
5. 각 팀은 암호화된 메시지를 해독하고, 그 내용을 앞에 제출한다.

6.2 동시 사용자 알고리즘

일상 생활에서 데드락

데드락(deadlock)은 무엇일까? 사람들이 필요한 것을 모두 가지고 있어야 일을 할 수 있는데, 두 사람 이상이 각각 필요한 것들 중 일부만 가지고 있어 아무것도 할 수 없는 상태를 데드락이라 한다.

[그림 6-19]처럼 할아버지와 할머니가 점잖은 행사에서 밥과 국이 있는 식사를 하는 상황을 가정해보자. 숟가락과 젓가락을 모두 가지고 있어야 식사를 할 수 있다. 숟가락으로는 국만 먹을 수 있고, 젓가락으로는 밥만 먹을 수 있어 숟가락과 젓가락을 함

께 가지고 있어야 식사를 할 수 있다.

그림 6-19 일상 생활에서 데드락 예 1

그런데 숟가락도 하나, 젓가락도 한 벌밖에 없는 상황이다. 할아버지는 젓가락을, 할 머니는 숟가락을 먼저 잡았다. 할아버지는 할머니가 가진 숟가락을 기다리고, 할머니 는 할아버지의 젓가락을 기다려야 한다. 두 사람 다 숟가락과 젓가락을 모두 가지고 있지 않아 식사를 할 수 없다. 이렇게 각자 필요한 것을 남이 일부 가지고 있어 어느 누구도 아무 것도 할 수 없는 상태를 데드락이라 한다.

이럴 때, 두 사람이 식사를 하려면 어떻게 해야 할까? 처음부터 숟가락과 젓가락을 묶 어서 놓아야 한다. 그러면 한 사람은 식사를 할 수 있게 된다.

일상 생활에서 데드락에 대해 또 다른 상황을 생각해 보자. 유한결과 김햇님이 숙제를 해야 되는 상황을 가정해보자. '파이썬'과 '스크래치' 언어를 비교 분석하라는 숙제가 있다. 이 숙제를 하려면 '파이썬' 책과 '스크래치' 책을 모두 가지고 있어야 숙제를 할 수 있다. 도서관에 '파이썬' 책과 '스크래치' 책이 각각 한 권씩밖에 없다. 그런데 [그림 6-20]처럼 유한결은 '파이썬' 책을 먼저 찾아 가지고 있고, 김햇님은 '스크래치' 책을 먼저 찾아 가지고 있다고 생각해보자. 두 사람 다 '파이썬'과 '스크래치' 책을 모두 가 지고 있지 않으니, 숙제를 할 수 없다. 필요한 책들을 두 사람이 각각 1권씩 가지고 있 어 두 사람 다 숙제를 할 수 없는 상태이다.

두 사람이 모두 숙제를 하려면 어떻게 해야 할까? 두 사람 중 한 사람이 먼저 두 권의 책을 도서관에서 빌려 공부를 한 후 반납을 하면, 다른 사람이 그 책들을 빌려 공부를 하면 된다.

'파이썬' 책을 보는 유한결   '스크래치' 책을 보는 김햇님

그림 6-20 일상 생활에서 데드락 예 2

소프트웨어는 숟가락, 젓가락, 혹은 '파이썬 책', '스크래치 책' 등을 표현하는 값을 컴퓨터 저장소에 저장해 놓고 그 값을 관리한다. 예를 들면, 유한결이 '파이썬 책'을 빌리는 것은 '파이썬 책'을 표현하는 값에 '자물쇠(lock)'를 걸어 놓아 유한결 외의 다른 사람은 접근할 수 없게 한다.

'파이썬 책'과 '스크래치 책'을 표현하는 값이 모두 필요하면, '파이썬 책'과 '스크래치 책'을 한 묶음으로 하여 자물쇠로 잠그면 된다. 그러면, 유한결이 먼저 잠금을 걸고, 숙제를 할 수 있다. 이때 김햇님은 책을 읽고 싶어도 기다려야 한다. 유한결의 숙제가 끝나면 자물쇠의 잠금을 풀어주고, 김햇님이 접근하여 잠금을 걸고 두 권의 책을 모두 읽을 수 있다. 이러한 잠금과 해제 순서의 패턴을 찾아 유사 코드로 나타내면, [그림 6-21]과 같다.

1. 잠금 하기
   1.1 '파이썬 책'으로 숙제하기
   1.2 '스크래치 책'으로 숙제하기
2. 잠금 해제하기

그림 6-21 잠금과 해제 알고리즘

일상 생활에서의 잠금

잠금은 어떤 경우가 있을까? [그림 6-22]처럼 이용호와 한장미가 각각 여행을 가기 위해 항공권 온라인 예약을 하려고 한다. 두 사람은 동시에 같은 날, 같은 시간의 비행기를 예약하려고 한다. 예약 상황을 보니, 한 개의 좌석만 남아 있는 상황이다. 이용호와 한장미가 동시에 접속이 되어 두 사람 모두 예약이 되면, 문제가 될 수 있다.

항공권 예약자, 이용호   항공권 예약자, 한장미

그림 6-22 일상 생활에서 잠금의 예

물론 항공권 예약 소프트웨어는 이런 상황을 방지하고 있다. 어떻게 하고 있을까? 앞서 언급한 자물쇠 기능을 이용한다. 두 사람 중 조금이라도 빠른 사람이 먼저 예약을 시작하게 되고, 그 좌석을 표현하는 값에 잠금을 해놓는다. 그 이후에 나머지 사람이 예약을 시도해도 예약이 안되도록 한다. 예약이 완료되면, 남아 있는 좌석은 없는 것으로 표시한 후 잠금을 풀어준다. 이렇게 예약이 중복되는 것을 막아 주고 있다.

6.1 암호

[단답형]

1. 우리는 집에 누군가 침입하는 것을 막기 위해 집의 문을 잠글 때 자물쇠나 번호를 누르는 도어락 등을 사용하고 있다. 이처럼 침입을 막는 것이 (   )이다.

2. (   )는 암호화하고자 하는 내용을 알파벳별로 몇 문자씩 오른쪽으로 평행 이동시켜 단어를 표현하는 방식이다.

3. 다음은 시저 암호의 암호화 방법 유사 코드이다. 빈 부분을 채워라.

> 1. 기준 문자 = 암호화할 문장의 첫 문자
> 2. 암호화할 문장의 마지막 문자가 될 때까지 다음 과정을 반복하기
>   2.1 기준 문자와 암호화할 문장의 마지막 문자가 일치하면,
>   – 완료
>   2.2 아니면,
>
>   [   ]
>
>   – 기준 문자 = 암호화할 문장의 다음 문자

4. 시저 암호를 (   )하면 'NDEVRRQBHH'가 'kabsoonyee' 된다. 즉, 암호가 풀린다.

[서술형]

1. 다른 사람의 접근을 막기 위해 사용되는 보안 기술 중에 암호화가 많이 사용된다. 암호화의 특징 두 가지를 설명하라.

2. 다음은 시저 암호로 암호화된 문장으로 암호화 키는 7이다. 이를 해독하라.

VYHJSL

3. 다음은 어떤 단어를 시저 암호화하는데, 잘못하여 키를 4로 한 결과이다. 암호화하기 전의 단어를 찾아 원래의 키인 3으로 암호화한 것은 무엇인가?

LSQI

4. 일상 생활에서 침입을 막기 위한 방법을 세 가지 이상 적어라.

5. 영문으로 된 시저 암호문을 획득하였다. 키를 모르는 상태에서 이 암호화된 메시지를 해독할 수 있는 방법을 설명하라.

6.2 동시 사용자 알고리즘

[단답형]

1. 각자 필요한 것을 남이 일부를 가지고 있어 어느 누구도 아무것도 할 수 없는 상태를 (   ) 이라 한다.

2. 각 항공사는 동시에 항공권이 예약되는 것을 방지하기 위해 소프트웨어로 두 사람 중 조금이라도 빠른 사람이 먼저 예약을 시작하게 되면, 그 좌석을 표현하는 값에 (   )을 하여 예약이 중복되는 것을 방지한다.

3. 다음은 데드락을 방지할 수 있는 알고리즘이다. 빈 부분을 채워라.

1.1 '파이썬 책'으로 숙제하기
1.2 '스크래치 책'으로 숙제하기

[서술형]

1. 데드락의 사례를 들고, 이것을 해결할 수 있는 방법을 설명하라.

Part

3 심화

1부에서는 해결해야 할 문제가 프로그래밍을 요구할 때 프로그래밍 언어의 기능들을 사용하여 해결하는 논리적인 사고인 '컴퓨팅 사고'의 개념을 이해하였다. 또한 컴퓨팅 사고의 여러 가지 방법 중 순차 처리와 반복, 조건 처리, 함수, 분산 및 병렬 처리에 대해서 스크래치 예제를 통하여 배웠으며, 변수와 리스트에 대해서도 실습하였다.

2부에서는 검색, 정렬, 데이터 암호화, 동시 사용자 충돌 문제 등 기본적인 알고리즘을 유사 코드로 살펴보았다.

3부에서는 다양하고 많은 양의 데이터를 실무 환경에서 처리하기에 적합한 데이터 형태인 배열, 연결 리스트, 스택, 큐를 배운다. 또한 소프트웨어 개발과 소프트웨어 구조에서 컴퓨팅 사고의 개념이 어떻게 사용되는지를 예로 배운다. 이를 통하여 컴퓨팅 사고가 단순히 코딩에서만 국한되지 않고 소프트웨어가 만들어지는 과정에서부터 소프트웨어 구조에까지 컴퓨터 전 분야에서 사용된다는 것을 배운다.

Chapter 07 데이터 구조와 알고리즘
Chapter 08 소프트웨어 개발과 구조

07 데이터 구조와 알고리즘

학습 목표

• 배열과 연결 리스트를 이해한다.
• 스택과 큐를 이해한다.

소프트웨어는 다양하고 많은 양의 데이터를 처리하기 위해 만들어진다. 3장에서 리스트에는 배열과 연결 리스트가 있다는 것을 배웠고, 스크래치의 리스트 개념을 이해하여 예제도 만들어 보았다. 7장에서는 3장에서 간략히 소개하였던 리스트를 좀 더 심도 있게 다룬다. 즉, 리스트를 배열과 데이터 사슬(연결 리스트, linked list)로 구현하여 추가, 삭제하는 알고리즘을 배운다. 편의상 알고리즘은 유사 코드로 보여 주고, 알고리즘에 사용되는 컴퓨팅 사고 요소를 보여준다.

그리고 데이터를 처리할 때 가장 나중에 도착한 데이터를 가장 먼저 처리해주는 스택(stack)과 가장 먼저 도착한 데이터를 가장 먼저 처리해주는 큐(queue)에 대해 배운다. 스택과 큐는 배열과 연결 리스트로 구현되지만 배열이나 연결 리스트를 이용한다는 것을 숨긴 데이터 구조이다. 즉, 컴퓨팅 사고 중 데이터 디테일 숨기기(데이터 추상화, data abstraction)를 활용한 것이다.

위의 내용들을 설명할 때, 해결해야 할 문제를 보여주고 해결 절차에 대한 설명을 한 후 유사 코드 형태로 정리한다. 또한 활동 문제를 사용하여 앞에서 나온 내용을 명확하게 이해할 수 있도록 한다.

7.1 리스트

우리는 일상 생활에서 〈표 7-1〉 '화제성 있는 드라마 Top 7'과 같은 형태로 정리된 정보를 접한다.

표 7-1 화제성 있는 드라마 Top 7

순위	프로그램명	화제성
1	태양의 후예	646,904
2	치즈 인 더 트랩	288,114
3	또 오해영	267,446
4	구르미 그린 달빛	262,120
5	응답하라 1988	258,200
6	닥터스	240,902
7	W	216,058

출처: [Oh! 쎈 초점] '태후' · '구르미'까지.. 2016 가을결산 드라마 Top 10(http://osen.mt.co.kr/article/G1110533749)

1위 '태양의 후예', 2위 '치즈 인 더 트랩', 3위 '또 오해영'과 같이 순서를 유지하는 데이터의 모임을 리스트라고 한다. 리스트를 처음으로 만들기 위해서 리스트에 데이터를 추가하는 작업을 해야 하고, 필요 없는 데이터가 생겼을 경우 리스트에서 데이터를 삭제하는 작업을 해야 한다.

리스트는 배열 또는 연결 리스트로 구현할 수 있다. 이 장에서는 배열과 연결 리스트에서 데이터를 찾고, 데이터를 추가하고 삭제하는 방법을 자세히 배운다. 배열과 연결 리스트는 각각 장점과 단점이 있어, 상황에 따라 적절히 선택하여 사용해야 한다.

7.2 배열

이번 학기 '소프트웨어 개론' 교과에 100명의 학생이 수강한다고 생각해보자. 컴퓨터로 소프트웨어 개론 교과의 중간고사 평균 점수를 계산하기 위해서는 개인 점수를 저

장할 변수가 필요하다. 이를 위해 [그림 7-1]과 같이 서로 다른 변수 100개를 사용할
수 있다.

그림 7-1 100명의 개인 점수를 저장할 서로 다른 이름의 변수 100개

소프트웨어 개론 교과의 중간고사 평균 점수를 계산하는 프로그램을 C언어로 작성하
면 다음과 같다.

[결과]

student0 성적: 100점

student1 성적: 95점

student2 성적: 80점

...

student99 성적: 100점

소프트웨어 개론 교과의 평균 점수: 91.75점

[C언어로 작성된 코드]

```
1   #include <stdio.h>
2   int main() {
3       int sum = 0;
4       double average;
5       int student0 = 100;
6       int student1 = 95;
7       int student2 = 80;
8       ...
9       int student99 = 100;
10      sum = student0 + student1 + student2 + ... + student99;
11      average = (double) sum / 100;
12      printf("student0 성적: %d점\n", student0);
13      printf("student1 성적: %d점\n", student1);
14      printf("student2 성적: %d점\n", student2);
```

```
15      ...
16      printf("student99 성적: %d점\n", student99);
17      printf("소프트웨어 개론 교과의 평균 점수: %.2f점\n", average);
18      return 0;
19    }
```

[설명]

2	C언어 프로그램이 실행될 때 가장 먼저 호출되는 함수
5~9	서로 다른 변수 100개에 개인별 성적을 저장
10~11	개인별 성적의 합과 소프트웨어 개론 교과의 평균 점수 계산
12~17	개인별 성적과 소프트웨어 개론 교과의 평균 점수를 화면에 출력

그런데 위와 같이 100개의 변수 이름을 만들고 사용하는 일은 매우 지겨울 수 있을 뿐 아니라, 실수하기도 쉽다. 우선 100개의 이름을 서로 다르게 만들어야 하고, 변수에 값을 넣거나 바꾸거나 화면에 출력할 때도 서로 다른 100개의 이름을 정확히 지정해야 한다.

이러한 문제를 해결하는 방법은 우리의 일상 생활에서 찾을 수 있다. [그림 7-2]와 같은 '행복' 아파트의 세대별 우편함을 생각해보자. 각 우편함은 '행복'이라는 아파트 이름을 공동으로 가지고 있고, 세대별로는 101호, 102호, …… 402호 등과 같이 숫자로 구분하여 사용한다.

그림 7-2 '행복' 아파트의 세대별 우편함

여러 우편함이 '행복'이라는 아파트 이름을 공동으로 갖고 있는 것처럼, 여러 변수가

student라는 공동 이름을 가지도록 할 수 있다. 또한 101호, 102호, …… 402호 등과 같이 숫자로 우편함을 구분하는 것처럼, 개별 변수를 구분하기 위해 0, 1, 2, ……과 같은 숫자를 사용할 수 있다. (프로그래밍 언어를 사용하는 오랜 관습 때문에 모아놓은 변수 중에서 가장 처음에 오는 변수의 구분 숫자는 1부터 시작하지 않고, 0부터 시작한다.)

이렇게 종류가 같은 변수 여러 개를 모아서 하나의 공동 이름을 갖게 하고, 0부터 시작하는 숫자로 각 변수를 구분하는 것을 배열이라고 한다. 예를 들어 정수 값을 갖는 변수 100개가 모여 있는 student라는 배열을 표현하려면 C언어에서 int student[100];과 같이 작성하면 된다. 이것은 [그림 7-3]과 같이 student라는 공동 이름을 갖는 100개의 정수형 변수가 모여 있는 것이다.

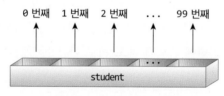

그림 7-3 100명의 student 배열

또한 배열의 첫 번째 변수에 50을 저장하기 위해 배열 이름과 대괄호 [ ]내에 0을 쓰고, 50이라는 값을 써주면 된다.

student[0] = 50;

배열 내 모든 변수에 50을 저장하려면 아래와 같이 [ ]내의 값을 0에서 99까지 작성해주면 된다.

student[0] = 50;
student[1] = 50;
student[2] = 50;
student[3] = 50;
...
...
student[99]= 50;

그런데 앞의 코드를 살펴보면 [ ]내의 값이 0에서 99까지 바뀌고, 그 외에는 student [ ] = 50;으로 동일한 것을 알 수 있다. 이것을 활용하여 [ ]내의 내용만 0에서 시작하여 1씩 증가하면서 99까지 변경되도록 반복문을 사용할 수 있다.

이 방법을 사용하면 배열의 각 변수를 일일이 지정하지 않아도 편리하게 100개의 변수에 50이라는 값을 저장할 수 있다. 이렇게 반복문으로 배열을 사용하는 것은 컴퓨터로 대량의 데이터를 처리해야 하는 실무에서 대단히 유용하다.

배열은 그 특성상 배열을 이루는 변수의 개수를 미리 결정해야 하고, 개수가 결정된 후에는 그 값을 변경할 수 없다. 또한 결정된 배열의 개수만큼 컴퓨터 내부의 연속된 저장공간에 값이 저장된다. 이러한 배열의 속성 때문에 데이터를 추가할 때는 [그림 7-4]처럼 저장 공간이 있는지 확인해야 한다.

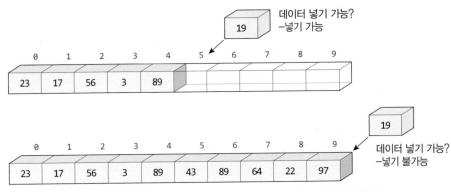

그림 7-4 데이터를 추가할 때마다 배열의 남아 있는 저장 공간 확인

7.2.1 배열에 데이터 추가하기

'화제성 있는 드라마 Top 7' 리스트에 '태양의 후예', '치즈 인 더 트랩', '시그널', '구르미 그린 달빛' 이 배열로 저장되어 있다고 가정하자. 여기에 '또 오해영'을 3위 자리, 즉 '치즈 인 더 트랩'과 '시그널' 사이에 추가해보자. [그림 7-5]가 이 과정을 보여준다.

1) 새로운 데이터 '또 오해영'을 추가할 3번째 위치를 찾는다.

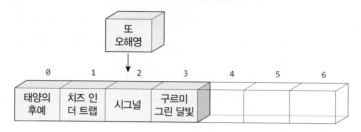

2) 새로운 데이터를 추가할 위치 이후의 모든 항목을 뒤쪽으로 이동하기 위해, 먼저 데이터 '구르미 그린 달빛'을 하나 오른쪽으로 이동한다.

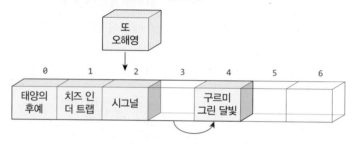

3) 데이터 '시그널 ' 도 하나 오른쪽으로 이동한다.

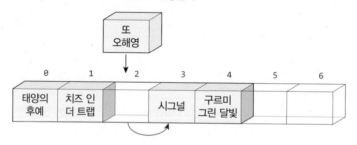

4) 새로운 데이터 '또 오해영'을 3번째 위치의 값으로 추가한다.

그림 7-5 배열의 중간에 새로운 데이터를 추가하는 과정

배열에 새로운 데이터를 추가하기 위한 작업의 대략적인 절차를 유사 코드로 살펴보면 다음과 같다.

1. 배열에 데이터를 추가할 공간이 없으면
    1.1 "배열에 데이터를 추가할 수 없습니다."를 출력한다.

2. 아니면
    2.1 기준 위치 = (배열 크기-1) - 1
    2.2 (기준 위치 > = (데이터 추가 위치-1))일 때까지 다음 과정을 반복한다.
        2.2.1 배열[기준 위치+1]에 배열[기준 위치] 값을 넣는다.
        2.2.2 기준 위치를 하나 감소한다.
    2.3 배열[데이터 추가 위치-1]에 새로운 데이터 값을 추가한다.

위 알고리즘을 살펴보면 컴퓨팅 사고인 조건 처리와 반복을 사용하고 있음을 알 수 있다.

7.2.2 배열에서 데이터 삭제하기

[그림 7-5]와 같이 '태양의 후예', '치즈 인 더 트랩', '또 오해영', '시그널', '구르미 그린 달빛'으로 구성된 배열에서, 4위인 '시그널'이 순위에 들지 못하였다고 가정하자. 그렇다면 '시그널' 데이터를 배열에서 삭제해야 한다. [그림 7-6]이 이 과정을 보여준다.

1) 삭제될 데이터 '시그널'의 4번째 위치를 찾는다.

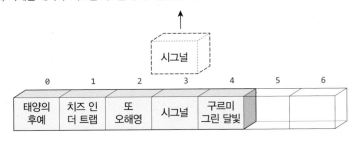

2) 삭제될 위치 이후의 모든 항목을 왼쪽으로 하나씩 이동한다. 이 예에서는 삭제될 위치 이후의 순위가 '구르미 그린 달빛' 하나만 있어서 왼쪽으로 하나의 데이터만 이동한다.

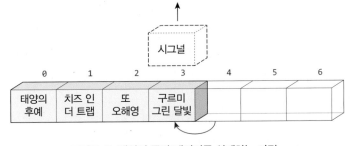

그림 7-6 배열의 중간 데이터를 삭제하는 과정

배열에서 데이터를 삭제하기 위한 작업의 대략적인 절차를 유사 코드로 표시하면 다음과 같다.

---

1. 배열이 비어 있으면
   1.1 "배열에서 데이터를 삭제할 수 없습니다."를 출력한다.
2. 아니면
   2.1 기준 위치 = 데이터 삭제 위치-1
   2.2 (기준 위치 < (배열의 크기-1))일 때까지 다음 과정을 반복한다.
      2.2.1 배열[기준 위치]에 배열[기준 위치+1] 값을 넣는다.
      2.2.2 기준 위치를 하나 증가한다.

이 알고리즘을 살펴보면 컴퓨팅 사고인 조건 처리와 반복을 사용하고 있음을 알 수 있다.

배열을 사용하여 리스트를 구현할 때 장점은 배열의 개별 변수를 구분해주는 0, 1, 2, ……과 같은 숫자를 사용하여 리스트의 원하는 위치로 곧장 찾아갈 수 있다는 점이다. 반면 추가나 삭제할 항목 다음에 데이터 개수가 많거나 추가나 삭제 연산이 빈번하게 일어난다면 더 많은 이동이 일어나게 되어 작업 시간이 늘어나게 되는 단점이 있다.

7.3 연결 리스트

배열을 사용한 리스트의 단점을 해결하는 방법을 이해하기 위하여 다음 활동을 해보자.

활동 문제 팀의 여러 친구와 기차처럼 연결하는 놀이를 해보자.
1. 놀이에 참여하는 모든 사람은 준비된 종이에 각자의 이름을 쓴다.
2. 각 팀에 준비된 함에 이름표를 넣는다.
3. 팀 별로 한 명씩 나와서 함에서 이름표를 뽑는다.

- 자신의 이름이나 이미 앞에서 이름표를 뽑은 친구의 이름이 나오면 다시 뽑도록 한다.
- 가장 먼저 이름표를 뽑은 친구가 기차 연결 놀이의 가장 앞에 서도록 한다.
- 자신이 뽑은 이름의 친구를 찾아 그 친구가 나의 오른편에 서도록 한다.
- 마지막에 남은 친구는 이름표를 뽑지 않고 기차 연결 놀이의 가장 뒤에 서도록 한다.

[그림 7-7]의 첫 번째 그림에서는 김햇님이 이용호를 뽑고, 유한결은 한장미를 뽑고, 이용호는 유한결을 뽑고, 마지막에 남은 한장미는 이름표를 뽑지 않는다. 두 번째 그림에서는 이름표 대로 김햇님→이용호→유한결→한장미의 순서로 기차처럼 연결한다.

〈한 명씩 함에서 이름표를 뽑기〉 　　　　〈이름표대로 기차처럼 연결한 순서〉

그림 7-7 여러 친구와 기차처럼 연결하기

이러한 방법은 데이터의 저장이 필요할 때마다 컴퓨터의 메모리 공간을 할당 받아서 데이터를 저장하고, 그 데이터를 서로 연결하는 방식과 비슷하다. 이렇게 연결하는 것을 연결 리스트라고 한다. 연결 리스트를 사용하려면 연결의 기본 단위인 데이터 마디(노드, node)라는 것이 필요하다. [그림 7-8]처럼 노드는 데이터 값과 다음 노드의 위치를 알려주는 값을 저장하고 있다.

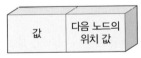

그림 7-8 노드의 기본 형태

기차 연결 놀이에서는 놀이에 참여하는 친구를 노드라고 생각할 수 있고, 뽑은 이름표를 다음 노드의 위치를 알려주는 것이라고 생각할 수 있다. 저장할 곳이 필요할 때 마다 노드를 할당 받고, 데이터 값과 다음 노드의 위치를 저장하면 현재 노드와 다음 노드가 이어지고, 또 다음 노드가 이어져서 노드를 한쪽 방향으로 연결할 수 있다.

[그림 7-9]와 같이 기차 연결 놀이에서 가장 처음에 연결된 '김햇님'은 연결 리스트의 시작을 의미하고, 마지막에 연결된 '한장미'는 연결 리스트의 끝을 의미한다.

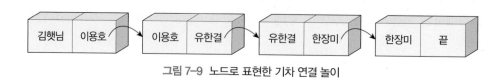

그림 7-9 노드로 표현한 기차 연결 놀이

7.3.1 연결 리스트에 데이터 추가하기

'화제성 있는 드라마 Top 7' 리스트에 '태양의 후예', '치즈 인 더 트랩', '시그널', '구르미 그린 달빛'이 연결 리스트로 저장되어 있다고 가정하자. 여기에 '또 오해영'을 3위 자리, 즉 '치즈 인 더 트랩'과 '시그널' 사이에 추가해보자. [그림 7-10]이 이 과정을 보여준다.

1) 새로운 데이터 '또 오해영'이 추가될 위치인 3번째를 찾는다.

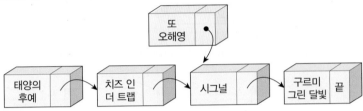

2) '또 오해영' 데이터가 추가된 후에도 드라마 순위가 잘 유지되도록 '또 오해영'의 다음이 '시그널'이 되도록 연결한다.

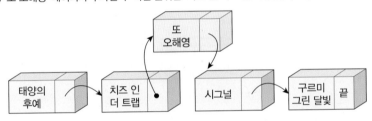

3) '또 오해영' 데이터가 추가된 후 이전 순위인 '치즈 인 더 트랩'과 연결되도록 한다.

그림 7-10 연결 리스트의 중간에 새로운 데이터를 추가하는 과정

연결 리스트에 새로운 데이터를 추가하기 위한 작업의 대략적인 절차를 유사 코드로 살펴보면 다음과 같다.

1. 새로운 노드 new를 만든다.
2. 새로운 노드 new의 값을 넣는다.
3. 연결 리스트가 비어 있으면
    3.1 연결 리스트의 첫 번째 노드로 new를 연결한다.
4. 아니면
    4.1 new의 이전 노드를 찾아가서 이전 노드가 가리키던 곳을 new가 가리키도록 한다.
    4.2 new의 이전 노드가 new를 가리키도록 한다.

이 알고리즘을 살펴보면 컴퓨팅 사고인 조건 처리를 사용하고 있음을 알 수 있다.

7.3.2 연결 리스트에서 데이터 삭제하기

'태양의 후예', '치즈 인 더 트랩', '또 오해영', '시그널', '구르미 그린 달빛'으로 구성된 연결 리스트에서 4위인 '시그널'이 순위에 들지 못하였다고 가정하자. 그렇다면 '시그널' 데이터를 연결 리스트에서 삭제해야 한다. [그림 7-11]이 이 과정을 보여준다.

1) 삭제될 데이터 '시그널'이 있는 4번째 위치를 찾는다.

2) 데이터 '시그널'이 삭제된 후에도 순위가 잘 유지되도록 노드 '또 오해영'의 다음 위치가 '구르미 그린 달빛'을 가리키도록 한다.

3) '시그널' 데이터를 삭제한다.

그림 7-11 연결 리스트의 중간 데이터를 삭제하는 과정

연결 리스트에서 데이터를 삭제하기 위한 작업의 대략적인 절차를 유사 코드로 살펴보면 다음과 같다.

---

1. 연결 리스트가 비어 있으면
    1.1 "연결 리스트에서 데이터를 삭제할 수 없습니다."를 출력한다.
2. 아니면
    2.1 연결 리스트에서 삭제 노드가 있는 곳을 찾는다.
    2.2 삭제 노드가 가리키던 곳을 이전 노드가 가리키도록 한다.

이 알고리즘을 살펴보면 컴퓨팅 사고인 조건 처리를 사용하고 있음을 알 수 있다.

연결 리스트를 사용하여 리스트를 구현할 때 장점은 원하는 만큼 데이터를 연결할 수 있다는 점이다. 또한 추가나 삭제할 때 연결이 있는 노드만 처리하면 되기 때문에 연속된 저장 공간을 유지하기 위한 배열을 사용할 때보다 부담을 덜 수 있다. 반면 리스트의 원하는 위치를 찾기 위해서는 리스트의 처음부터 시작하여 찾아가야 하는 단점이 있다.

7.4 스택과 큐

스택

만일 뷔페 식당에 가게 된다면 음식을 가져오기 위해 [그림 7-12]처럼 쌓여 있는 접시 중 가장 위의 접시를 가져 올 것이다. 또한 새로운 접시는 가장 위에 올려질 것이다. 그런데 가장 위의 접시는 가장 나중에 올려진 것이며, 가장 아래에 있는 접시는 가장 먼저 쌓여진 것이다.

또 [그림 7-13]과 같은 동전 케이스도 동전을 추가하는 곳과 빼는 곳의 방향이 같아 가장 최근에 들어간 동전이 가장 먼저 나오게 된다.

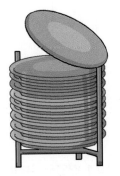

그림 7-12 쌓여진 접시들

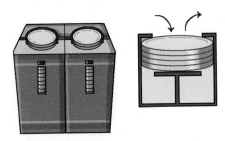

그림 7-13 동전 케이스

컴퓨터도 데이터를 처리할 때 가장 나중에 추가된 데이터를 가장 먼저 처리할 수 있는데 이러한 처리 방식을 스택이라고 한다. 스택의 위쪽으로 데이터를 추가하는 것을 push라고 한다. 또한 스택의 가장 위쪽 데이터를 삭제하는 것을 pop이라고 한다. 데이터를 추가하거나 삭제하기 위한 위치를 스택의 최근 위치(top)라고 한다. 데이터가 있는 스택에 새로운 데이터를 추가하면 top도 하나 증가하며, 스택에서 데이터를 삭제하면 top은 하나 감소한다.

스택은 배열이나 연결 리스트로 구현할 수 있다. [그림 7-14]는 배열로 구현된 비어 있는 스택에 사과, 배, 딸기 데이터를 차례로 추가한 후, 하나를 삭제하는 과정을 보여준다.

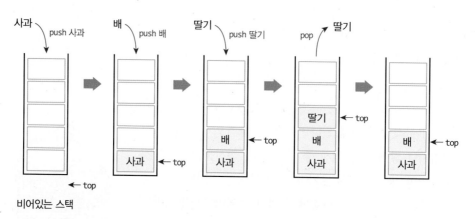

그림 7-14 스택의 처리 과정

7.4.1 배열로 구현된 스택에 데이터 추가하기

배열을 이용하여 스택을 구현하기 위해서는 push, pop 외에 스택이 가득 차 있는지, 스택이 비어 있는지 확인하는 작업이 필요하다. 배열로 구현된 스택에 데이터를 추가하는 작업의 대략적인 절차를 유사 코드로 살펴보면 다음과 같다.

---

1. 스택의 top을 하나 위로 올린다.
2. 스택이 가득 차 있으면
   2.1 "스택에 데이터를 추가할 수 없습니다."를 출력한다.
3. 아니면
   3.1 스택의 top에 데이터를 추가한다.

이 알고리즘을 살펴보면 컴퓨팅 사고인 조건 처리를 사용하고 있음을 알 수 있다.

7.4.2 배열로 구현된 스택에서 데이터 삭제하기

배열로 구현된 스택에서 데이터를 삭제하는 작업의 대략적인 절차를 유사 코드로 살펴보면 다음과 같다.

---

1. 스택이 비어 있으면
    1.1 "스택에서 데이터를 가져올 수 없습니다."를 출력한다.
2. 아니면
    2.1 스택 top의 데이터를 저장하여 가져온다.
    2.2 스택의 top을 하나 아래로 내린다.

이 알고리즘을 살펴보면 컴퓨팅 사고인 조건 처리를 사용하고 있음을 알 수 있다.

7.4.3 연결 리스트로 구현된 스택에 데이터 추가하기

연결 리스트를 이용하여 스택을 구현하기 위해서는 push, pop 외에 스택이 비어 있는지 확인하는 작업이 필요하다. 연결 리스트로 구현된 스택에 데이터를 추가하는 작업의 대략적인 절차를 유사 코드로 살펴보면 다음과 같다.

---

1. 새로운 노드인 new를 만든다.
2. new의 값 부분에 데이터를 넣는다.
3. new가 스택의 top이 가리키고 있는 노드를 가리킨다.
4. 스택의 top은 new를 가리킨다.

7.4.4 연결 리스트로 구현된 스택에서 데이터 삭제하기

연결 리스트로 구현된 스택에서 데이터를 삭제하는 작업의 대략적인 절차를 유사 코드로 살펴보면 다음과 같다.

> 1. 스택이 비어 있으면
>   1.1 "스택에서 데이터를 가져올 수 없습니다."를 출력한다.
> 2. 아니면
>   2.1 스택의 top이 가리키는 노드의 값을 저장하여 가져온다.
>   2.2 스택의 top이 가리키는 노드를 삭제 노드가 가리키던 노드로 바꾼다.

이 알고리즘을 살펴보면 컴퓨팅 사고인 조건 처리를 사용하고 있음을 알 수 있다.

스택의 push, pop 등은 실제로는 배열이나 연결 리스트를 이용하여 구현하지만 배열이나 연결 리스트를 이용한다는 것을 숨긴 데이터 구조이다. 즉, 컴퓨팅 사고 중 데이터 추상화를 활용한 것이다.

큐

마트의 계산대에서는 먼저 도착한 고객이 먼저 계산하여 나가고, 새로 온 고객은 맨 뒤에 줄을 서게 된다. 또 [그림 7-15]에서처럼 영화 표를 사기 위해 매표소 입구에 도착했을 때 이미 여러 사람이 줄을 서 있다면 가장 뒤에 줄을 서며, 줄의 가장 앞 사람부터 표를 구매하게 된다.

그림 7-15 매표소 입구의 줄

컴퓨터도 데이터를 처리할 때, 가장 먼저 추가된 데이터를 가장 먼저 처리할 수 있는데 이러한 처리 방식을 큐라고 한다. 큐는 배열이나 연결 리스트로 구현할 수 있다.

큐의 뒤쪽으로 데이터를 추가하는 것을 insert(enqueue)라고 하며, 큐의 앞쪽 데이터를 삭제하여 가져오는 것을 delete(dequeue)라고 한다. 이때 데이터를 추가하기 위한 위치를 큐의 끝 위치(back)라고 하며 데이터를 삭제하기 위한 위치를 큐의 앞 위치(front)라고 한다. 큐에 새로운 데이터를 추가하면 큐의 back이 하나 증가하며, 큐에서 데이터를 삭제하면 큐의 front가 하나 증가한다.

[그림 7-16]은 배열로 구현된 비어 있는 큐에 사과, 배, 딸기 데이터를 차례로 추가한 후, 하나를 삭제하는 과정을 보여준다.

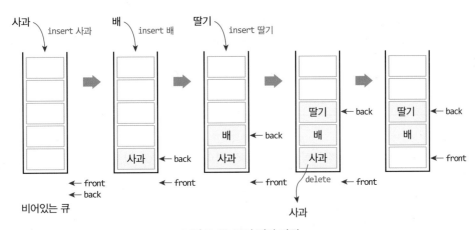

그림 7-16 큐의 처리 과정

7.4.5 배열로 구현된 큐에 데이터 추가하기

배열을 이용하여 큐를 구현하기 위해서는 큐에 데이터 추가하기와 삭제하기 외에 큐가 가득 차 있는지 확인하기, 큐가 비어 있는지 확인하기와 같은 작업이 필요하다.

배열로 구현된 큐에 데이터를 추가하는 작업의 대략적인 절차를 유사 코드로 살펴보면 다음과 같다.

> 1. 큐가 가득 차 있으면
>   1.1 "큐에 데이터를 추가할 수 없습니다."를 출력한다.
> 2. 아니면
>   2.1 큐의 back을 하나 증가한다.
>   2.2 큐에 데이터를 추가한다.

이 알고리즘을 살펴보면 컴퓨팅 사고인 조건 처리를 사용하고 있음을 알 수 있다.

7.4.6 배열로 구현된 큐에서 데이터 삭제하기

배열로 구현된 큐에서 데이터를 삭제하는 작업의 대략적인 절차를 유사 코드로 살펴보면 다음과 같다.

```
1. 큐가 비어 있으면
   1.1 "큐에서 데이터를 가져올 수 없습니다."를 출력한다.
2. 아니면
   2.1 큐의 front를 하나 증기한다.
   2.2 큐의 front 값을 저장하여 가져온다.
```

이 알고리즘을 살펴보면 컴퓨팅 사고인 조건 처리를 사용하고 있음을 알 수 있다.

7.4.7 연결 리스트로 구현된 큐에 데이터 추가하기

연결 리스트로 구현된 큐에 데이터를 추가하는 작업의 대략적인 절차를 유사 코드로 살펴보면 다음과 같다.

```
1. 새로운 노드인 new를 만든다.
2. new의 값 부분에 데이터를 넣는다.
3. 큐가 비어 있으면
   3.1 큐의 front가 new를 가리키도록 한다.
   3.2 큐의 back이 new를 가리키도록 한다.
4. 아니면
   4.1 큐의 back이 가리키던 노드와 큐의 back이 new를 가리키도록 한다.
```

이 알고리즘을 살펴보면 컴퓨팅 사고인 조건 처리를 사용하고 있음을 알 수 있다.

7.4.8 연결 리스트로 구현된 큐에서 데이터 삭제하기

연결 리스트로 구현된 큐에서 데이터를 삭제하는 작업의 대략적인 절차를 유사 코드로 살펴보면 다음과 같다.

---

1. 큐가 비어 있으면
　　1.1 "큐에서 데이터를 삭제할 수 없습니다."를 출력한다.
2. 아니면
　　2.1 큐의 front의 값을 저장하여 가져온다.
　　2.2 큐의 front가 삭제 노드의 다음을 가리키도록 한다.

이 알고리즘을 살펴보면 컴퓨팅 사고인 조건 처리를 사용하고 있음을 알 수 있다. 또한 큐의 insert, delete 등은 실제로는 배열이나 연결 리스트를 이용하여 구현하지만 배열이나 연결 리스트를 이용한다는 것을 숨긴 데이터 구조이다. 즉, 컴퓨팅 사고 중 데이터 추상화를 활용한 것이다.

7.1 리스트   7.2 배열   7.3 연결 리스트

[단답형]

1. 순서를 유지하는 데이터의 모임을 (   )라고 한다.

2. 종류가 같은 변수 여러 개를 모아서 하나의 공동 이름을 갖게 하고, 숫자로 각 변수를 구분하는 것을 (   )이라고 한다.

3. 배열은 배열을 이루는 변수의 (   )가 미리 결정되어 있어야 하고, 결정된 후에는 그 값을 변경할 수 없다.

4. 데이터의 저장이 필요할 때마다 컴퓨터의 메모리 공간을 할당 받아서 데이터를 저장하고, 그 데이터를 서로 연결하는 방식을 (   )라고 한다.

[서술형]

1. 배열을 사용하는 이유를 적어라.

2. 연결 리스트를 사용하여 리스트를 구현할 때의 장점을 적어라.

7.4 스택과 큐

[단답형]

1. 컴퓨터가 데이터를 처리할 때, 가장 나중에 추가된 데이터를 가장 먼저 처리 할 수 있는데 이러한 처리 방식을 (   )이라고 한다.

2. 컴퓨터가 데이터를 처리할 때, 가장 먼저 추가된 데이터를 가장 먼저 처리 할 수 있는데 이러한 처리 방식을 (   )라고 한다.

3. 스택과 큐를 구현하기 위해서는 (   )이나 (   )를 사용한다. 그런데 이 러한 데이터 구조의 사용을 숨기고 있어서 컴퓨팅 사고 중 (   )를 활용하는 것을 보여 주고 있다.

[서술형]

1. 배열로 구현된 비어 있는 스택에 다음과 같이 데이터를 추가하거나 삭제하려고 한다. 이 과정을 그림으로 표현하라.

   push '연필' → push '색연필' → push '볼펜' → push '공책' → pop → push '만년필'

2. 크기 3인 배열로 구현된 비어 있는 스택에 다음과 같이 데이터를 추가하거나 삭제하려고 할 때 생기는 문제를 적어라.

   push '연필' → push '색연필' → push '볼펜' → push '공책' → pop → push '만년필'

3. 배열로 구현된 스택에 데이터를 추가하는 절차를 유사 코드로 적어라.

4. 배열로 구현된 비어 있는 큐에 다음과 같이 데이터를 추가하거나 삭제하려고 한다. 이 과정을 그림으로 표현하라.

   insert '연필' → insert '색연필' → insert '볼펜' → insert '공책' → delete → insert '만년필'

5. 연결 리스트로 구현된 비어 있는 큐에 다음과 같이 데이터를 추가하거나 삭제하려고 할 때 생기는 문제를 적어라.

   insert '연필' → insert '색연필' → delete → delete → delete → insert '만년필'

6. 연결 리스트로 구현된 큐에서 데이터를 삭제하는 절차를 유사 코드로 적어라.

08 소프트웨어 개발과 구조

학습 목표

- 소프트웨어의 개발 과정에서 컴퓨팅 사고의 활용 예제를 배운다.
- 규모가 큰 소프트웨어 개발을 단계별로 정의하는 것을 배운다.
- 규모가 큰 소프트웨어의 계층적 구조를 배운다.
- 응용 프로그램의 추상화와 작동 환경을 배운다.

많은 컴퓨팅 사고 관련 책들은 단순히 코딩에만 국한되어 마치 코딩에만 컴퓨팅 사고가 사용되는 것처럼 보인다. 하지만 이것은 숲을 보지 못하고 나무만 보는 것과 같다. 컴퓨팅 사고의 개념들은 소프트웨어가 만들어지는 과정에서부터 소프트웨어가 작동되는 컴퓨터 시스템 구조에까지 컴퓨터의 모든 분야에서 사용된다. 이 장에서는 컴퓨팅 사고의 다른 예로 소프트웨어 개발과 소프트웨어 구조에서 컴퓨팅 사고의 개념이 어떻게 사용되는지를 배운다.

8.1 소프트웨어 개발

앞 장의 컴퓨팅 사고에서 업무 나누기를 배웠다. 업무 나누기는 규모가 큰 소프트웨어 개발에서도 유용하게 활용된다. 하나의 소프트웨어는 여러 기능으로 나뉘어지며, 한 사람의 개발자가 모든 기능을 개발하기에는 너무 오랜 시간이 요구된다. 업무 나누기를 통해서 각각의 기능을 나누고 나뉘어진 기능을 여러 개발자가 동시에 개발한다면 하나의 소프트웨어를 개발하는 데 소비되는 시간이 단축될 것이다.

소프트웨어는 앞 장에서 학습한 디테일 숨기기(추상화, abstraction)에 의해 계층(layer)으로 구성하게 된다. 상위 계층은 하위 계층에서 제공하는 기능을 별도로 개발하지 않고 사용할 수 있다. 각 계층이 제공하는 기능들은 모듈(module)들로 구성된다. 즉, 규모가 있는 소프트웨어는 여러 계층으로 나뉘어지고, 각 계층은 여러 모듈로 나뉘어진다. 그리고 앞 장에서 배웠듯이 각 모듈에 필요한 알고리즘을 설계할 때에도 컴퓨팅 사고가 필요하고, 알고리즘을 프로그래밍 언어로 구현할 때에도 컴퓨팅 사고가 필요하다.

규모가 큰 소프트웨어를 개발하기 위해서는 여러 명(많게는 수천 명)의 개발자 및 시험자가 협업을 해야되고, 소프트웨어의 구조를 반영하여 개발 및 시험 업무를 배정해서 개발을 진행해야 한다. 또한 큰 규모의 소프트웨어를 효율적으로 개발하고 품질을 높이기 위해서는 개발자들이 개발 순서를 철저히 준수해야 한다. 개발 및 시험자의 동시 협업은 컴퓨팅 사고로 보면 업무 나누어 처리하기(분산 병렬 처리, distributed and parallel processing)에 해당되고, 개발 순서 준수는 컴퓨팅 사고 중 순차적 처리에 해당된다.

8.1.1 소프트웨어의 생명 주기

그림 8-1 Windows 버전(version)

컴퓨터 사용자들이 가장 많이 사용하는 소프트웨어는 모든 응용 프로그램 작동의 기반이 되는 운영체제이다. 운영체제는 일반 컴퓨터 사용자가 직접 사용하지는 않지만, 스마트폰 앱들을 포함하여 세상의 거의 모든 소프트웨어가 운영체제 없이는 작동할 수 없다. [그림 8-1]은 대표적인 운영체제인 마이크로소프트 사의 Windows의 일부 버전(version)이다.

이 중에서 Windows XP와 Windows Vista는 마이크로소프트 사에서 더 이상 지원하지 않으며, Windows 7도 2020년 1월부터는 지원하지 않는다고 한다. 개발되어 사용되다가 기능과 성능이 더 좋은 새로운 Windows 버전으로 대체된 것이다. 이와 같이 모든 소프트웨어는 개발되고 사용되다 폐기된다. [그림 8-2]가 보여주는 이 과정을 소프트웨어의 생명 주기(life cycle)라고 한다.

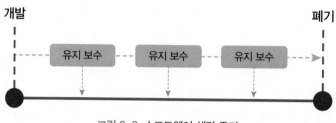

그림 8-2 소프트웨어 생명 주기

개발된 소프트웨어는 사용되다 바로 폐기되는 것은 아니다. 그 중간에 여러 차례 유지 보수가 이루어진다. 여러분은 'Windows 업데이트(Update)'라는 공지를 여러 번 접했을 것이다. Windows에서 발견된 오류를 수정하거나, 컴퓨터 바이러스에 대한 취약점을 보완하거나, 기능이나 사용성(user interface/user experience, UIUX)을 일부 개선하여 사용자에게 배포하는 것이다. 이것을 유지 보수라 한다.

규모가 큰 Windows 같은 소프트웨어는 완벽하게 시험하여 모든 오류를 수정한 다음에 출시할 수 없다. 발견된 오류들을 수정하여 종종 재배포할 수밖에 없다. 그리고 소프트웨어는 끊임 없이 개선(upgrade)해야 한다. 소프트웨어의 작동 환경이 지속적으로 바뀌고, 사용자의 새로운 요구 사항이 발생하기 때문이다.

8.1.2 규모가 큰 소프트웨어의 개발

소프트웨어의 개발을 건축과 비교해보자. 개 집을 만들 때에는 상세한 설계 도면도 없이 집에서 사용하는 연장 몇 가지로 혼자서 만들 수 있다. 그러나 사람이 살 집을 지을 때에는 설계 도면이 필요하고 여러 명이 일을 진행해야 한다. 그리고 해머, 드릴, 레미콘 등의 전문화된 장비도 필요하다.

규모가 큰 고층 빌딩을 건축하는 일은 개집을 만들거나 사람이 살 집을 짓는 것보다 훨씬 어렵고, 시간, 인력, 경비가 많이 필요하다. 고층 빌딩 건축을 위해서는 먼저 건축 발주자가 어떤 빌딩을 원하는지 정확히 문서화하고, 상세히 설계를 하여 설계도를 만들고, 필요한 지자체의 허가를 받고, 경비, 건축 일정 등 관련 계획을 세울 것이다.

그리고 인력을 확보하여 조직화하고 건축 일정에 따라 일을 추진할 것이다.

고층 빌딩의 경우, 일단 건축이 시작되면 중간에 건물을 일부라도 허물고 다시 지으면 큰 손실이 발생한다. 따라서 건축을 시작하기 전에 발주자의 요구 사항을 정확하게 정리하고, 건축 과정을 철저히 지켜야 한다.

소프트웨어 개발도 그 규모에 따라 개 집 만들기처럼 작은 작업일 수도 있고, 고층 빌딩 건축과 같이 대규모의 작업일 수도 있다.

규모가 큰 소프트웨어를 개발할 때 얼마나 많은 사람들이 참여하는지 Windows 7을 예로 알아보자. Windows 7 개발 및 시험을 위해 2,500여 명의 개발자가 4~5년 간 투입되었고, 개발 비용도 수조 원 이상이 들었다. 소프트웨어의 규모를 나타내는 수치 중에는 프로그램 라인(line)수가 있다. 전자 기기 사용 설명서의 한 줄, 두 줄의 표현과 유사하다고 할 수 있다. 아래에 C언어 프로그램을 예로 라인 수의 의미를 보여준다.

개발기간 4년 ~ 5년
개발인력 2,500명 이상
개발비용 수 조원 이상

텍스트 기반의 프로그래밍 언어: C언어

```
printf("기온을 입력하세요: ");
scanf("%f", &temperature);
if(temperature<0)
{
    printf("영하의 날씨이군요.\n");
}
```

라인 수: 6

[그림 8-3]은 규모가 큰 소프트웨어 몇 가지를 예로 보여준다. 프로그램 라인 수가 수천만 라인 이상이 많다. 구글(Google)의 모든 서비스 코드는 단일코드 베이스(Monotonic Code Base)이며 라인 수는 20억 라인이 넘는다. 수십만 라인이 넘는 소프트웨어의 개발에 개발자 전원의 긴밀한 협업 없이는 성공적으로 진행할 수 없다. 수천만 라인, 수억 라인의 소프트웨어 개발은 더 말할 나위도 없다.

Windows 7

40,000,000 라인

12,000,000 라인

80,000,000 라인

61,000,000 라인

단일 코드 베이스

2,000,000,000 라인

Microsoft Office 2013

44,000,000 라인

출처: https://informationisbeautiful.net/visualizations/million-lines-of-code/

그림 8-3 코드 라인 수로 본 소프트웨어 규모

8.1.3 소프트웨어 개발 과정

소프트웨어 개발 과정(software development process)은 소프트웨어 개발을 효율적으로 진행하고, 소프트웨어의 품질을 최대한 높이기 위해 필요한 요소들과 순서이다. 계획, 요구 사항 분석, 설계, 구현, 시험, 문서화가 소프트웨어의 주요 개발 과정의 핵심 요소들이다. 이와 같은 개발 과정은 소프트웨어의 목적, 규모, 개발 인력, 개발 일정에 따라 다양하게 달라진다. 다음은 대표적인 소프트웨어 개발 과정이다.

폭포수 모델

소프트웨어 개발 과정 중 가장 기본적이고 오래된 것이 순차적(sequential) 모델이다. 폭포수의 물이 위에서 아래로 떨어지고, 떨어진 물이 다시 위로 돌아갈 수 없듯이 철저히 순차적으로 진행된다 하여 폭포수(waterfall) 모델이라고도 한다.

계획	• 개발 범위를 결정한다. • 업무를 나눈다. • 개발 계획서를 작성한다.
요구 분석	• 기능적 요구 사항과 비기능적 요구 사항을 분석한다. • 요구 사항 명세서를 작성한다.
설계	• 기본 설계 : 소프트웨어의 전체 구조를 작성한다. • 상세 설계 : 독립적인 기능별로 나눈다.
구현	• 프로그램을 작성(코딩) 한다.
테스트	• 테스트 케이스를 만든다. • 개별 테스트를 진행한다. • 전체 테스트를 진행한다.
문서화	• 작동 사양 설명서를 작성한다. • 소스코드 및 테스트 결과 보고서를 작성한다.
유지 보수	• 개선과 갱신을 수행한다.

그림 8-4 소프트웨어 개발 모델(폭포수)

[그림 8-4]와 같이 폭포수 모델은 계획, 요구 사항 분석, 설계, 구현, 시험, 문서화, 유지 보수의 과정을 순서대로 진행한다. 한 개 이상의 단계가 동시에 수행되거나, 이전 단계로 되돌아가 반복되지 않는다. 단계별로 결과를 확인한 후 다음 단계로 넘어가기 때문에 각 단계의 완성도가 높다.

폭포수 모델은 완료된 단계 이후 그 전 단계의 변동이 필요할 경우 처리가 어렵고, 최종 완성된 소프트웨어가 바로 배포용 버전이 된다. 고층 빌딩 건축이 폭포수 모델로 진행된다. 일반적인 소프트웨어 개발은 고층 빌딩 건축보다 유연하지만, 군수 소프트웨어, 우주선 관리 소프트웨어 등과 같이 많은 사람들의 생명이 달려 있고, 개발 비용이 높은 대규모 소프트웨어의 개발에는 폭포수 모델이 바람직하다. 스마트폰 게임 앱 등과 같은 소프트웨어 개발과는 차원이 다르다.

단계적 모델

단계적(phased) 모델은 소프트웨어 버전을 하나씩 개발하고 사용자에게 제공하여 사용과 개발을 동시에 진행하는 것이다. 단계적 모델은 점증적(incremental) 방법과 반복적(iterative) 방법으로 구분할 수 있다. 예를 들어 회사 업무 관리 소프트웨어를 개발한다고 가정하자. 이 소프트웨어는 기능에 따라 인사 관리 프로그램, 구매 프로그램, 회계 프로그램으로 구성할 수 있다.

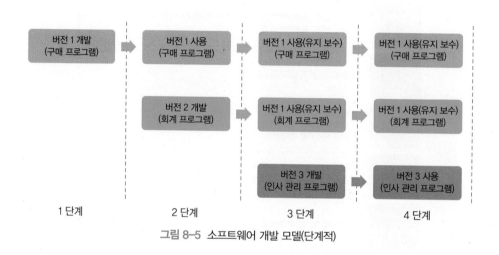

그림 8-5 소프트웨어 개발 모델(단계적)

구매 프로그램을 버전 1로 하여 첫 번째로 개발하고 사용한다. 두 번째로 회계 프로그램을 버전 2로 개발하고 사용한다. 세 번째로 인사 관리 프로그램을 버전 3으로 개발한다. [그림 8-5]와 같이 단계별 사용과 개발을 겹쳐서 진행하여 마지막 단계에서 전체 소프트웨어를 완성하는 방법이다.

이와 같은 방식을 단계적으로 개발 범위를 확장해 나아가는 방법이라 하여 점증적 개발 방법이라고 한다. 점증적 개발 방법은 부분 별로 개발하여 초기 비용이 적게 들고, 소프트웨어의 전체 교체로 인한 사용자 조직의 혼선을 줄일 수 있다. 그러나 단계별 버전의 개발로 미리 개발된 프로그램과의 통합에 어려움이 발생할 수 있다.

반복적 개발 방법은 초기 버전 1 단계에서 전체 소프트웨어를 개발한다. 그리고 버전 1을 사용하면서 기능과 성능을 개선한 버전 2를 개발하여 재배포한다. 이와 같이 개발, 배포를 반복적으로 수행하여 소프트웨어 품질을 향상시키는 방법이다. 시급하게 소프트웨어가 필요하거나 초기 요구 사항이 명확하지 않을 경우에 사용할 수 있다.

애자일 모델

애자일(agile) 모델은 단계적 모델의 한 종류로 소프트웨어를 더욱 빠르고 유연하게 개발하는 모델이다. 애자일 모델은 계속적으로 요구 사항이 추가 및 변경될 수 있다는 것을 가정하고 소프트웨어를 제작한다.

[그림 8-6]과 같이 요구 분석, 소프트웨어 제작, 시험이 하나의 주기로 묶여서 비교적 짧은 기간 동안 진행되며, 주기를 소프트웨어 제작이 완성될 때까지 반복한다. 반복적인 주기 중 어떤 주기에서는 요구 분석이 중심이 되고 어떤 주기에서는 요구 분석보다 소프트웨어 제작이 중심이 되기도 한다. 각 주기를 시작할 때마다 새로운 요구조건이 추가된다.

시작 단계에서는 부족한 점이 많지만 주기를 반복할 수록 점진적으로 소프트웨어의 완성도가 높아진다. 애자일 모델은 사용자 요구가 다양하며 작동 환경의 변화가 많은 경우에 사용할 수 있는 모델이다. 구글이나 페이스북(Facebook)에서 주로 사용한다.

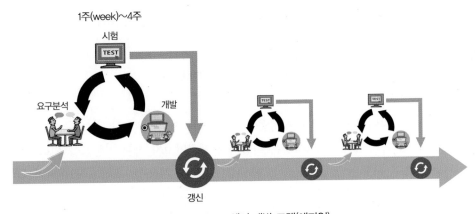

그림 8-6 소프트웨어 개발 모델(애자일)

애자일 모델은 개발된 소프트웨어에 대한 사용자 만족도가 높다. 사용자 요구 사항이 변경되거나 새롭게 요청될 때마다 빠르게 대처할 수 있기 때문이다. 짧은 기간에 요구 분석, 개발, 시험을 거쳐 갱신하기 때문에 개발팀의 생산성을 높이고, 비용을 줄이는 효과도 있다. 그러나 애자일 모델을 모든 상황에서 모든 소프트웨어의 개발에 사용할 수는 없다. 예를 들어, 자동차 소프트웨어는 개발 후 적용까지 몇 년에 걸쳐 소프트웨어의 안정성을 시험해야 한다. 많은 사람들의 생명이 달려 있기 때문이고, 큰 실수가 있으면 자동차 회사가 망할 수도 있다. 사용자 요구 사항이 변한다고 4주 단위로 소프트웨어를 갱신한다면 그 누구도 신뢰하지 않는 소프트웨어가 될 것이다.

이 장에선 소프트웨어의 개발 모델을 살펴보았다. 소프트웨어의 개발 과정은 소프트웨어의 목적, 규모, 개발 인력, 개발 일정 등에 따라 가장 효율적인 것을 선택해서 사용해야 할 것이다. 이제 소프트웨어 개발 과정 중 사용자 요구 분석, 설계 및 구현, 그리고 시험을 소개한다.

8.1.4 사용자 요구 분석

소프트웨어 개발의 목적은 사용자가 원하는 소프트웨어를 만드는 것이다. 개발된 소프트웨어에 대해 사용자가 만족하게 하려면 사용자 요구 사항을 정확하게 반영해야 한다.

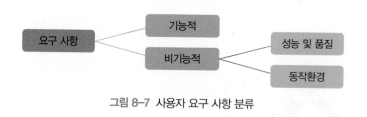

그림 8-7 사용자 요구 사항 분류

[그림 8-7]과 같이 사용자 요구 사항은 기능적 요구 사항과 비기능적 요구 사항으로 구분할 수 있다. 기능적 요구 사항은 사용자가 제공받고자 하는 기능들을 의미한다. 비기능적 요구 사항은 성능, 확장성, 안정성, 보안성, 사용성, 그리고 소프트웨어가 작동할 환경과 제약 조건 등이다.

예를 들어, 스마트폰의 기능적 요구 사항에는 지문 인식, 홍채 인식, 내비게이션, MP3, 노트 필기 등의 기능이 있다. 성능적 요구를 충족하기 위한 구성 요소에는 지문 인식이나 홍채 인식 기능의 속도 및 정확도, 내비게이션 기능의 속도와 정확도, MP3 기능의 속도 및 음향 품질 등이 있다. 소프트웨어의 작동 환경은 운영체제의 종류, 디스플레이 크기, 프로세서 종류, 주기억 장치 크기, 보조 저장 장치 크기, 배터리 용량, 센서의 종류, 통신 방법 등이 있다.

사용자가 만족하는 소프트웨어를 개발하기 위해서는 요구 사항이 불분명하거나 왜곡되어 잘못 개발되는 일이 없도록 요구 분석 단계에서 정확하게 정리하고 문서화하여 확인해야 한다. 정확한 요구 분석은 소프트웨어를 성공적으로 개발하기 위한 첫 번째 단계이다. 성공적인 소프트웨어 개발이라 함은 요구 사항을 충족시키고, 오류가 최소화되고, 예상 일정과 경비 및 인력을 초과하지 않고, 심지어는 개발한 소프트웨어의 많은 부분을 재사용하여 다른 버전의 소프트웨어를 효율적으로 만들 수 있게 하는 것이다.

8.1.5 설계 및 구현

규모가 큰 소프트웨어를 개발하기 위해서는 많은 인력과 시간, 비용이 발생한다. 대규모 소프트웨어는 계층별로 설계하고 각 계층은 여러 개의 모듈로 설계한다. 각 모듈은 또 다시 세부 계층으로 설계하고, 각 계층은 여러 개의 세부 모듈로 설계한다. 모듈은 한 개 이상의 하청주기(함수, function) 프로그램으로 구성된다.

상황에 따라 설계를 유사 코드(pseudo code) 수준으로 상세히 할 수도 있고, 기본 설계보다 좀 상세한 수준에서 마칠 수도 있다. 설계가 상세할수록 구현 시간과 시험 시간을 단축할 수 있다. 그러나 상세 설계 자체가 많은 시간을 요구하는 것이기 때문에 어느 수준에서 상세 설계를 마칠지는 개발하고자 하는 소프트웨어의 성격과, 개발 인력, 개발 일정 등 상황을 고려해서 결정할 일이다.

마지막 단계의 상세 설계 후에 구현을 시작한다. 구현이나 매우 상세한 설계는 개발 인력을 구조화하고 업무 분담을 한 뒤 시작해야 한다. [그림 8-8]은 포털 사이트 뉴스 검색 소프트웨어의 계층 구조를 기반으로 업무를 계층별로 나누는 방법을 보여준다.

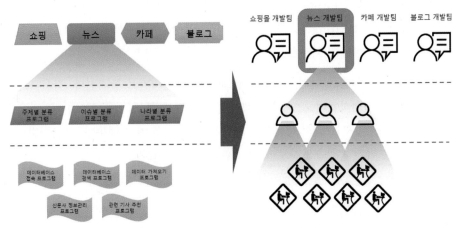

그림 8-8 포털 사이트 뉴스 검색 소프트웨어의 계층별 업무 나누기

상위 계층에서는 포털 사이트의 주제별 서비스를 개발하기 위한 개발 팀이 있을 것이다. 각 개발 팀의 팀장은 주제별 서비스를 제공하기 위한 소프트웨어 개발 업무를 받을 것이다. 뉴스 개발팀으로 예를 들면, 팀장은 바로 아래 급의 개발자들에게 서비스에 필요한 주요 프로그램(주제별 분류, 이슈별 분류, 나라별 분류) 개발 업무를 나누어 줄 것이다. 이 개발자들은 다음 급의 개발자들에게 필요한 기능(데이터베이스 접속, 데이터 검색, 데이터 가져오기, 신문사 관리, 관련기사 추천)을 지정하여 업무를 나눌 것이다.

업무가 분담되면 각 계층에서 작동할 프로그램들을 구성하고, 모듈 단위로 나눈다. 이와 같이 업무를 계층별로 나누고, 모듈을 구성하면 소프트웨어의 계층 구조가 만들어진다. 업무는 작은 단위로 나뉘어져 있지만 개발자 모두가 협업하여 소프트웨어를 개발해야 한다. 이 과정에 컴퓨팅 사고의 분산 및 병렬 처리와 추상화가 적용된다.

이러한 설계 과정은 설계가 끝날 때까지 반복하며 실행된다. 일반적으로 규모가 큰 소프트웨어는 요구 사항의 변경이나 다른 여러가지 이유로 설계 과정이 반복될 수 있다. 설계 과정의 반복에서 계층을 나누고 계층에 적합한 모듈을 다시 배분하는 작업을 반복하게 된다.

소프트웨어의 개발이 시작된 이후에 설계를 수정하게 되면 이미 개발된 부분에 복잡한 수정이 필요할 수도 있고 시간적, 금전적 손실이 발생할 수 있기 때문에 개발이 시작되기 전에 반복적인 설계 수정을 통해 설계의 완성도를 높여야 한다.

이와 같이 컴퓨팅 사고 중 반복처리는 대규모 소프트웨어 개발의 설계 과정에서도 사용된다. 반복처리는 거창하거나 어려운 개념이 아니다. "컴퓨팅"이라는 용어로 인해서 어렵게 느끼거나 부담감을 느낄 필요 없이, 일상생활에서 어떤 일이 잘못되었을 때 다시 반복해서 수정하는 것처럼 일상적인 개념이다.

기능별로 또는 역할별로 나뉘어서 개발된 모듈들은 단계별로 합쳐진다. 작은 모듈을 코딩 단계에서 시험하였어도, 합쳐진 모듈들에 대한 통합 시험을 해야한다. 작은 모듈들이 합쳐지면서 모듈 간의 충돌이나 오류가 발생할 수 있기 때문이다. 단계별로 합쳐진 모듈들은 마지막에 규모가 큰 전체 소프트웨어가 된다.

8.2 소프트웨어 구조

규모가 큰 소프트웨어는 모두 2차원적인 구조를 가지고 있다. 1차적(수직적, vertical)으로 여러 계층으로 구성되어 추상화로 하부 구조의 디테일을 숨기게 되고, 2차적(수평적, horizontal)으로 각 계층은 수많은 프로그램들로 구성된다. 즉 큰 규모의 소프트웨어 구조에는 자연스럽게 추상화가 적용된다. 각 세부 프로그램의 개발에도 물론 컴퓨팅 사고가 적용된다. 이 장에서는 규모가 큰 소프트웨어의 구조에 대하여 학습한다.

8.2.1 소프트웨어의 종류와 구조

소프트웨어는 크게 두 개의 계층으로 구성된다([그림 8-9]). 상위 계층은 응용 소프트웨어이고, 하위 계층은 시스템 소프트웨어이다. 세상의 거의 모든 소프트웨어는 응용 소프트웨어이다. 시스템 소프트웨어에는 운영체제, 데이터베이스 관리 시스템, 네트워크 시스템 등이 있다. [그림 8-9]는 대표적인 운영체제인 스마트폰의 안드로이드(Android)와 그 위에서 작동하는 애플리케이션이 2계층 구조를 이루는 것을 보여준다.

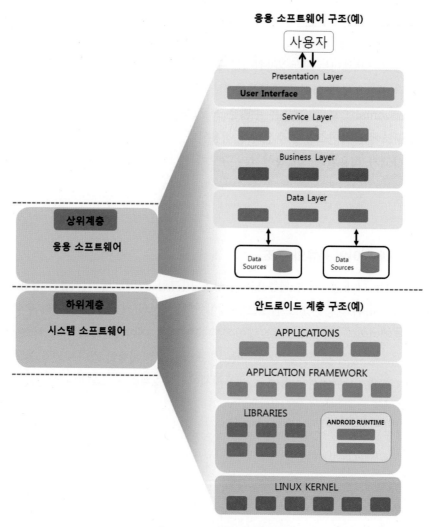

그림 8-9 소프트웨어 계층 구조

응용 소프트웨어는 계층 구조로 되어 있다. 안드로이드와 같은 시스템 소프트웨어도 2차원적 구조(계층 구조, 모듈화)로 설계 및 구현된다. 응용 소프트웨어는 추상화된 시스템 소프트웨어를 이용하고, 시스템 소프트웨어의 계층 구조는 하위 계층을 추상화하여 디테일을 숨긴다.

계층 구조의 이해를 돕기 위해 대학 종합 정보시스템에서 학생 수강 관리 프로그램의 작동을 살펴보자([그림 8-10]). 수강 신청을 위해 사용자는 종합정보 시스템 화면을 통해 서비스에 접속한다. 접속 후 학생 서비스 항목에서 수강 관리를 선택한다. 교과목 검색, 수업 계획서 조회 등의 프로그램으로 저장되어 있는 정보를 확인 후 수강 신청을 하면 수강 신청 정보가 저장된다.

수강 신청을 위해 계층별로 여러 개의 프로그램이 작동한다. 하지만 사용자는 마우스의 클릭과 몇 단어의 키보드 입력으로 수강 신청을 할 수 있다. 사용자는 여러 가지 프로그램의 존재를 알 필요가 없다. 소프트웨어에서 계층별로 작동하는 프로그램들은 전체를 보여주지 않고 사용자가 필요한 내용만을 나타낸다. 즉, 각 계층별 프로그램은 추상화되어 작동된다([그림 8-10]의 계층별 이름, 목적 등은 이 장의 취지에 부합하지 않아 설명을 생략한다).

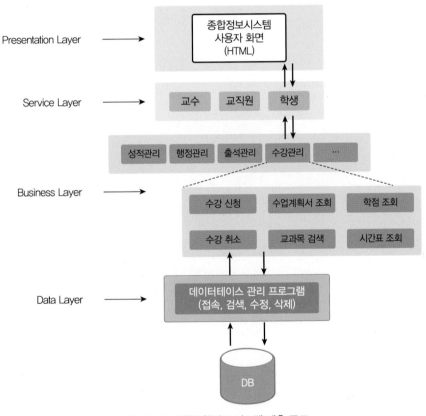

그림 8-10 대학종합정보 시스템 계층 구조

상위 계층에 있는 프로그램은 일반적으로 하위 계층에 있는 프로그램이 제공하는 기능을 이용하거나 도움을 받는다. 하위 계층의 프로그램이 없으면 그 기능은 상위 계층 프로그램에 구현되어야 한다. 이렇듯 소프트웨어는 여러 계층으로 나뉘어지고 하위 계층은 추상화를 통해 숨겨지지만 상위 계층은 추상화된 하위 계층 없이는 동작할 수 없다. 이것은 컴퓨팅 사고력의 계층 나누기와 추상화와 같다. 컴퓨팅 사고는 단순히 코딩에만 국한되지 않고 소프트웨어를 설계하고, 개발하는 과정과, 작성된 소프트웨어의 구조에까지 사용된다.

[단답형]

1. 소프트웨어는 개발, 유지 보수, 폐기의 과정을 갖는다. 이 것을 소프트웨어의 무엇이라 하는지 적어라.

2. 규모가 큰 소프트웨어 개발을 건축과 많이 비교를 한다. 다음 건축물 규모와 소프트웨어 개발 규모를 연상하여 연결하고, 왜 그렇게 생각되었는지 이유를 적어라.

> 개집 만들기 ●　　　　　　　● APP 개발
> 개인주택 만들기 ●　　　　　● 프로그래밍 수업 과제
> 고층 빌딩 만들기 ●　　　　　● 한국형 운영체제 개발

　①
　②
　③

3. 소프트웨어 유지 보수는 왜 필요한지 적어라.

4. 규모가 큰 소프트웨어를 개발할 경우 개발 순서를 준수해야 하는 이유는 무엇인지 적어라.

5. 개발된 것을 버리지 않고 지속적으로 개선, 보완해 가며 최종적인 시스템을 개발하는 소프트웨어 개발 모델은 무엇인지 적어라.

6. 소프트웨어 개발의 위험성을 최소화하기 위해 개발 과정을 정하고, 단계별 완성도를 높여 순차적으로 진행하는 소프트웨어 개발 모델이다. 규모가 큰 소프트웨어 개발에 주로 사용되는 이 모델은 무엇인지 적어라.

7. 일상 생활에서 순서를 지켜서 해야 하는 일을 과정별로 만들어라.

8. 응용 소프트웨어를 실행시키고 관리하는 시스템 소프트웨어에는 어떤 것이 있는지 적어라.

9. 응용 소프트웨어라고 생각되는 소프트웨어를 3개 이상 적어라.

10. 프로그램의 모든 작동이나 내용을 보여주지 않고 사용자에게 필요한 것만 나타내는 것을 무엇이라고 하는지 적어라.

11. 빈칸에 알맞은 단어를 적어라.

> 규모가 큰 소프트웨어는 (　　　)적 구조를 가지고 있다. 각 (　　　)은 다양한 기능별 모듈들로 구성된다. 상위 (　　　)은 하위 (　　　)에서 제공하는 기능을 별도로 개발하지 않고 사용할 수 있다.

[서술형]

1. 다음의 글을 읽고 기능적 요구 사항과 비 기능적 요구 사항을 분석하고 그 결과를 기준으로 소프트웨어의 구조를 적어라.

> 항공사의 예약 소프트웨어는 비행기와 탑승객에 대한 정보를 관리한다. 비행기 정보 관리 소프트웨어는 비행기에 대한 기종, 엔진 종류, 생산 연도, 좌석 수, 비행기 번호에 대한 정보를 관리한다. 또한 스케줄이 잡힌 각 비행기에 대해, 출발지와 도착지 및 일시를 관리한다(각 비행기에 대해서는 중간 기착지 없이 하나의 출발지와 도착지에 연결되는 것으로 가정한다). 탑승객 관리 소프트웨어는 각 승객은 이름, 성별, 전화번호 및 좌석, 흡연 여부, 마일리지 들을 관리하고 승객이 탑승하는 시간과 날짜, 비행기 번호를 관리한다.

2. 최근 많은 소프트웨어 기업에서 사용하는 애자일 소프트웨어 개발 모델로 개발된 소프트웨어 사례를 조사하라.

3. 자동차 소프트웨어는 규모가 큰 소프트웨어로 손꼽는다. 미래형 자동차에는 더욱 다양한 기능의 소프트웨어가 들어갈 것이다. 미래형 자동차의 소프트웨어 구조를 조사하라.

4. 자동차에는 다양한 센서(sensor)들이 있고, 각 센서는 작은 컴퓨터라 할 수 있다. 따라서 센서들이 동작하기 위해서는 센서에 운영체제 시스템이 필요하다. 자동차에 사용되는 센서의 종류와 운영체제에 대해 조사하라.

Part

4

부록

스크래치는 미국 MIT(Massachusetts Institute of Technology) 미디어 랩(Media Lab)에서 만든 교육용 프로그래밍 언어이다. 프로그래밍을 처음 배우는 사용자들이 명령어를 따로 외워서 타이핑 입력하는 것이 아니라 명령어가 쓰인 그래픽 블록을 순서대로 연결하여 프로그래밍 할 수 있고 결과도 간단히 확인할 수 있다. 부록에서는 스크래치를 처음 접하는 사용자들을 위해 스크래치의 설치 방법과 화면 구성, 블록 모음에 대해 소개한다.

1 스크래치

2 용어집

1. 스크래치

1. 스크래치 설치하기

스크래치는 미국 MIT(Massachusetts Institute of Technology) 미디어 랩(Media Lab)에서 만든 교육용 프로그래밍 언어이다. 블록을 순서대로 연결하여 쉽게 프로그램을 만들 수 있고 결과도 간단히 확인할 수 있다.

스크래치 프로그램은 온라인과 오프라인 두 가지 방식으로 사용할 수 있다. 온라인 방식은 프로그램 설치가 필요하지 않다. 스크래치 홈페이지에서 바로 사용할 수 있고 스크래치를 사용하려면 윈도우 7 이상이고 인터넷 사용이 가능해야 한다.

오프라인 스크래치2 프로그램을 사용하려면 먼저 AdobeAIRInstaller.exe를 설치해야 한다. 스크래치 설치 사이트 주소는 https://scratch.mit.edu이다.

1) 온라인에서 프로그램 사용하기

내 컴퓨터 바탕화면에서 인터넷 익스플로러(Internet Explore)나 크롬(Chrome)을 선택하여 더블클릭을 한다. 크롬을 사용하면 더 편리하다.

설치 프로그램이 있는 홈페이지로 이동하기 위하여 주소 입력 창에 https://scratch.mit.edu를 입력한다. [그림 1]과 같이 상단 메뉴의 [만들기]를 클릭하면 스크래치 프로그램이 실행된다. 회원 가입을 하지 않아도 스크래치 프로그램을 사용할 수 있다.

그림 1 온라인 프로그램 사용하기

[그림 2]와 같이 스크래치 프로그램을 온라인에서 만들어 컴퓨터에 저장하려면 [파일] – [내 컴퓨터에 프로젝트 다운로드하기] 메뉴를 클릭하여 저장한다.

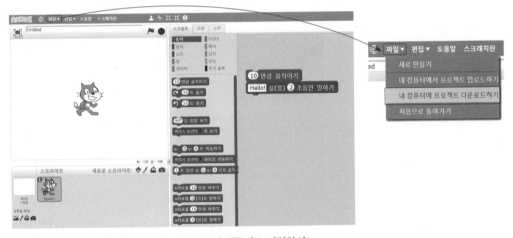

그림 2 내 컴퓨터로 저장하기

2) 오프라인 프로그램 설치하기

(1) Adobe AIR 설치하기

스크래치 파일을 열려면 오프라인 에디터가 있어야 하고, 스크래치 오프라인 에디터는 Adobe AIR 프로그램이 설치되어 있어야 실행된다. [그림 3]과 같이 Adobe AIR를 다운로드 받기 위하여 Adobe AIR Windows용의 다운로드를 클릭한다.

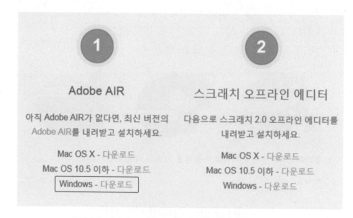

그림 3 Adobe AIR Windows용의 다운로드 클릭

이용 약관을 읽어본 후에 스크래치 설치 파일을 다운로드 하기 위하여 [지금 다운로드]를 클릭한다([그림 4] 참조).

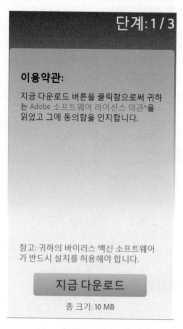

그림 4 [지금 다운로드] 클릭

[그림 5]와 같이 내 컴퓨터에서 저장할 위치를 선택하고 [저장]을 클릭한다.

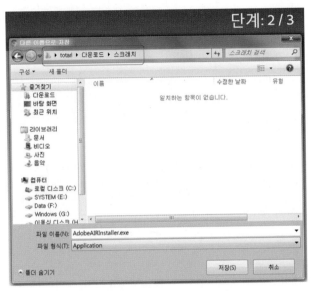

그림 5 저장할 위치를 선택하고 [저장] 클릭

화면 좌측 하단에 저장된 파일을 클릭하거나 저장된 파일을 더블클릭하여 실행한다
([그림 6] 참조).

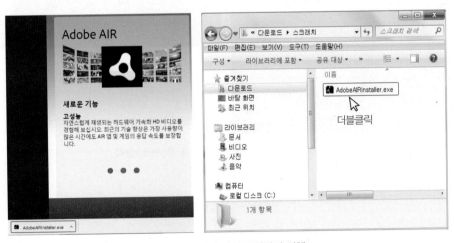

그림 6 저장된 파일 클릭하여 실행

[그림 7]과 같이 '이 파일을 실행하시겠습니까?' 대화 상자가 나오면 프로그램을 설치하기 위하여 [실행]을 클릭한다.

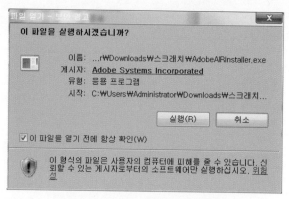

그림 7 설치하기 위하여 [실행] 클릭

사용권 계약의 내용을 검토하고 이상이 없으면 [동의함]을 클릭하고 설치가 끝나면 [완료]를 클릭한다([그림 8] 참조).

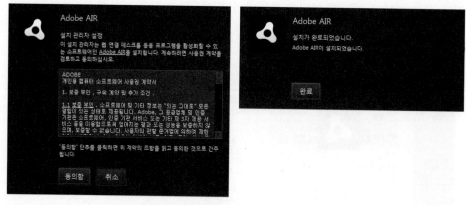

그림 8 [동의함] 클릭하고 설치 종료 후 [완료] 클릭

설치가 완료됐으므로 [그림 9]와 같이 [닫기] 버튼을 클릭하여 설치 화면을 종료한다.

그림 9 [닫기] 버튼을 클릭

(2) 크롬을 사용하여 Scratch Offline Editor 설치하기

스크래치 오프라인 에디터 프로그램을 설치하자.

[그림 10]과 같이 프로그램을 설치하기 위하여 스크래치 첫 화면에서 Windows [다운로드]를 클릭한다.

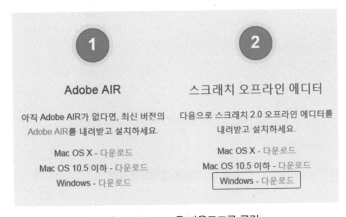

그림 10 Windows용 다운로드를 클릭

내 컴퓨터에서 저장할 위치를 선택하고 [저장]을 클릭한다([그림 11] 참조).

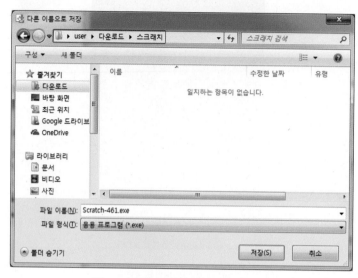

그림 11 저장할 위치를 선택하고 [저장] 클릭

파일이 저장된 폴더로 이동하지 않고 화면 좌측 하단의 파일을 클릭하여 실행한다([그림 12] 참조).

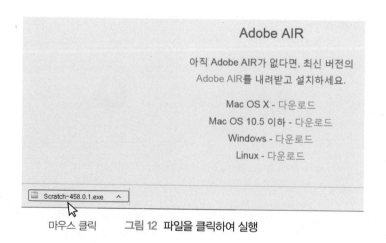

마우스 클릭   그림 12 파일을 클릭하여 실행

[그림 13]과 같이 '이 파일을 실행하시겠습니까?' 대화 상자가 나오면 프로그램을 설치하기 위하여 [실행]을 클릭한다.

그림 13 [실행] 클릭

설치 위치를 확인한 후 [계속]을 클릭한다([그림 14] 참조).

그림 14 위치 확인 후 [계속] 클릭

컴퓨터 성능에 따라 설치 시간이 약간 다를 수 있다. 설치가 되면, [그림 15]와 같이 스크래치 프로그램이 실행된다.

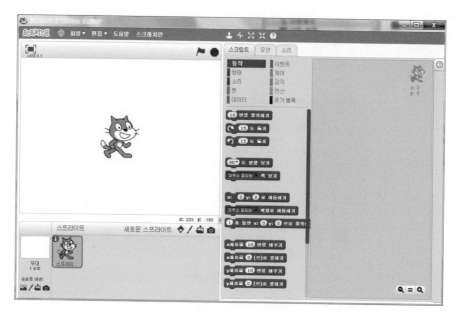

그림 15 설치 후 스크래치 실행화면

(3) 인터넷 익스플로러를 사용하여 Scratch Offline Editor 설치하기

내 컴퓨터 바탕화면에서 인터넷 익스플로러를 선택하여 더블클릭한다.

프로그램을 다운로드 하기 위하여 주소입력 창에 https://scratch.mit.edu를 입력하면 해당 사이트로 이동한다([그림 16] 참조).

그림 16 https://scratch.mit.edu 사이트 이동

[그림 17]과 같이 현재 페이지의 맨 아래쪽 메뉴에서 [지원]-[오프라인 에디터]를 클릭한다.

소개	커뮤니티	지원	법률
스크래치에 대해서	커뮤니티 지침	도움말	약관
부모	토론방	자주 묻는 질문(FAQ)	개인정보보호 정책
교육자	스크래치 위키	오프라인 에디터	디지털 밀레니엄 저작권법
개발자를 위해서	통계	문의하기	
공로자		스크래치 상품 판매점	
채용		기부	
언론 보도			

그림 17 오프라인 에디터 클릭

윈도우 버전을 다운로드 하기 위해 [그림 18]과 같이 스크래치 오프라인 에디터 Windows의 다운로드를 선택하고 [실행]을 클릭하여 스크래치 프로그램을 설치한다.

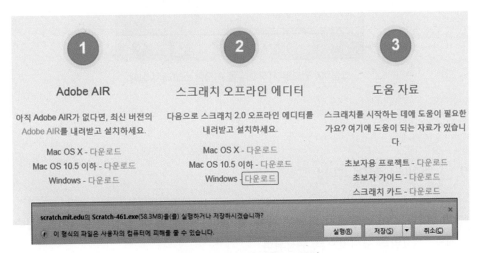

그림 18 Windows의 다운로드 클릭

[실행]을 클릭하여 스크래치 프로그램을 설치하는 설치 과정은 크롬과 동일하다.

3) 스크래치 실행하기

바탕화면의 스크래치 아이콘 🐱을 더블클릭하여 실행하거나 또는 윈도우 [시작]메뉴
에서 [모든 프로그램]을 선택하고 [Scratch 2]를 클릭한다([그림 19] 참조).

그림 19 윈도우 시작 메뉴를 이용한 스크래치 실행

2. 스크래치 화면 구성

[그림 20]과 같이 스크래치 화면은 메뉴 및 툴바, 무대, 무대 설정/스프라이트, 블록
팔레트, 스크립트 코딩창으로 구성된다.

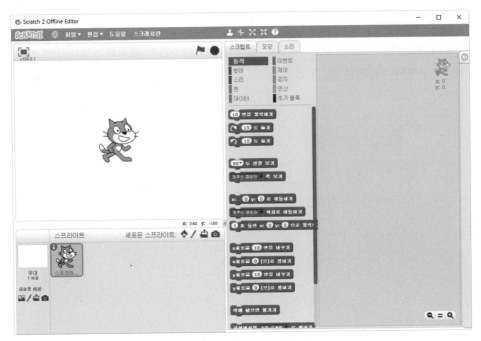

그림 20 스크래치 전체 화면

1) 메뉴 및 툴바

프로그램 사용을 위한 설정, 파일 관리, 편집, 스크래치에 관한 소개로 구성된다.

① 언어 선택: 지구 모양의 아이콘을 클릭하면 언어 설정이 가능하다.

② 파일: 파일을 열거나 저장을 할 수 있으며 프로젝트 비디오 녹화 및 웹사이트 공유하기 기능이 제공된다.

③ 편집: 삭제 취소, 무대 크기 줄이기, 터보 모드 기능이 제공된다.

④ 도움말: 도움말을 볼 수 있다.

⑤ 스크래치란: 스크래치 사이트로 이동한다.

⑥ 툴바: 복사, 삭제, 확대, 취소, 블록 도움말 기능들이 있다.

2) 무대

무대 크기는 가로 480 픽셀, 세로 360 픽셀로 스프라이트가 배치되는 공간이며 프로그램이 실행되는 장면을 볼 수 있다.

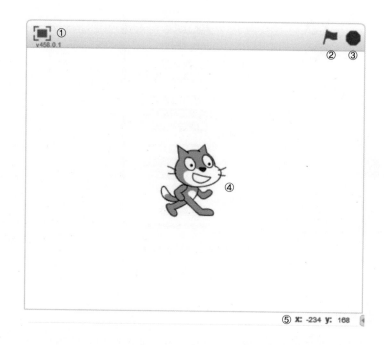

① 전체 화면: 클릭하면 무대가 전체 화면으로 전환된다.

② 실행: 클릭하면 스크래치로 만든 스크립트를 시작한다.

③ 중지: 클릭하면 실행중인 스크립트가 멈춘다.

④ 스프라이트: 스크래치에서 움직일 수 있는 인물, 사물 등을 의미한다. 프로그래밍 용어로는 객체라고 한다.

⑤ 좌표 표시: 무대에서 스프라이트의 위치와 마우스 포인터가 무대위를 움직일 때마다 마우스 포인터의 좌표 값을 x와 y로 표시한다.

3) 무대 설정/스프라이트

① 무대 설정: 무대 배경을 설정할 수 있다. 저장소에서 배경 선택, 배경 새로 그리기, 배경 파일 업로드, 웹 캠으로 배경 찍기의 기능을 제공한다.

② 스프라이트: 프로그래밍 할 때 사용되는 모든 스프라이트의 목록이 표시된다.

③ 새로운 스프라이트: 스프라이트 추가하기, 새 스프라이트 색칠하기, 스프라이트 파일 업로드하기, 웹 캠으로 사진 찍어 새 스프라이트 사용하기의 기능을 제공한다.

4) 블록 팔레트

스크래치의 명령 블록들을 용도별로 분류한 10개의 카테고리가 있다. 카테고리를 클릭하면 해당 명령어 블록의 목록을 볼 수 있다.

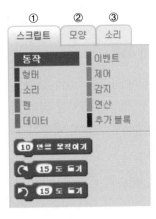

① 스크립트 탭: 다양한 기능들의 명령어 블록들이 있다.

② 모양 탭: 스프라이트나 무대의 배경 이미지를 만들거나 수정을 한다.

③ 소리 탭: 스프라이트나 무대에 소리를 추가한다.

5) 스크립트 코딩 창

스프라이트를 동작시키는 프로그래밍 명령어 블록을 끌어와 스크립트를 만드는 공간이다.

6) 스크래치 무대 영역에 대한 좌표

스크래치 무대 영역에 대한 좌표는 [그림 21]와 같다. 좌표는 수평 위치와 수직 위치를 (x, y) 형태로 나타내는데 정 중앙에 위치한 점의 좌표가 (0,0)이다. 중앙 점을 기준으로 왼쪽 방향이 x의 − 방향이고 오른쪽 방향이 x의 + 방향이고, 위쪽 방향이 y의 + 방향이고 아래쪽 방향이 y의 − 방향이다. x의 가장 작은 값은 −240, 큰 값은 240이고 y의 가장 작은 값은 −180, 큰 값은 180이다.

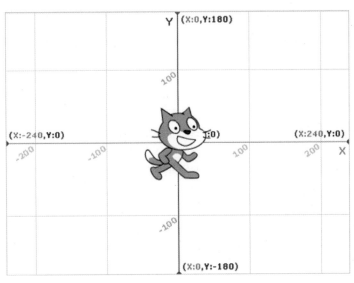

(X:0,Y:180)

(X:-240,Y:0)

(X:240,Y:0)

(X:0,Y:-180)

그림 21 스크래치 무대 영역에 대한 좌표

3. 스크래치 블록 모음

[동작 블록]

사용 블록	블록 설명
10 만큼 움직이기	스프라이트를 설정된 값만큼 움직이기
15 도 돌기	스프라이트를 시계 방향으로 설정된 각도만큼 회전시키기
15 도 돌기	스프라이트를 반시계 방향으로 설정된 각도만큼 회전시키기
90 ▼ 도 방향 보기	스프라이트를 설정된 방향을 보게 하기(0: 위쪽, 90: 오른쪽, 180: 아래쪽, −90: 왼쪽)
마우스 포인터 ▼ 쪽 보기	스프라이트를 마우스 포인터 또는 설정한 쪽을 바라보기
x: 0 y: 0 로 이동하기	스프라이트를 (x,y)의 위치로 이동하기
마우스 포인터 ▼ 위치로 이동하기	스프라이트가 마우스 포인터나 다른 스프라이트의 위치로 이동하기

사용 블록	블록 설명
1 초 동안 x: **0** y: **0** 으로 움직이기	스프라이트를 주어진 시간 동안 (x,y)의 위치로 이동하기
x좌표를 **10** 만큼 바꾸기	스프라이트의 x좌표를 설정한 값만큼 변경하기
x좌표를 **0** (으)로 정하기	스프라이트의 x좌표를 설정한 값으로 정하기
y좌표를 **10** 만큼 바꾸기	스프라이트의 y좌표를 설정한 값만큼 변경하기
y좌표를 **0** (으)로 정하기	스프라이트의 y좌표를 설정한 값으로 정하기
벽에 닿으면 튕기기	스프라이트가 벽에 닿으면 반대 방향으로 변경하기
회전방식을 왼쪽-오른쪽 ▼ 로 정하기	회전방식을 왼쪽-오른쪽, 회전하지 않기, 회전하기로 설정하기
x좌표	스프라이트의 x 좌표 값 확인하기
y좌표	스프라이트의 y 좌표 값 확인하기
방향	스프라이트의 방향을 확인하기

[형태 블록]

사용 블록	블록 설명
Hello! 을(를) **2** 초동안 말하기	입력한 내용을 설정한 시간 동안 말풍선으로 보여주기
Hello! 말하기	입력한 내용을 말풍선으로 보여주기
Hmm... 을(를) **2** 초동안 생각하기	입력한 내용을 설정한 시간 동안 생각하는 말풍선으로 보여주기
Hmm... 생각하기	입력한 내용을 생각하는 말풍선으로 보여주기
보이기	스프라이트를 무대에서 보이기
숨기기	스프라이트를 무대에서 사라지게 하기
모양을 모양2 ▼ (으)로 바꾸기	스프라이트를 설정한 그림으로 변경하기
다음 모양으로 바꾸기	스프라이트를 그림 리스트의 다음 순서 그림으로 변경하기. 만약 리스트의 마지막 그림이라면 처음 그림으로 변경하기

사용 블록	블록 설명
배경을 배경1 ▼ (으)로 바꾸기	무대 배경을 설정한 그림으로 변경하기
색깔 ▼ 효과를 25 만큼 바꾸기	스프라이트 색깔 등의 그래픽 효과를 설정한 값만큼 변경하기
색깔 ▼ 효과를 0 (으)로 정하기	스프라이트 색깔 등의 그래픽 효과를 설정한 값으로 정하기
그래픽 효과 지우기	스프라이트에 적용된 그래픽 효과를 지우기
크기를 10 만큼 바꾸기	스프라이트의 크기를 설정한 값만큼 변경하기
크기를 100 % 로 정하기	스프라이트의 크기를 설정한 비율로 변경하기
맨 앞으로 순서 바꾸기	스프라이트를 맨 앞으로 보이게 하기
1 번째로 물러나기	스프라이트를 설정한 값만큼 뒤로 보내기
모양 #	현재 스프라이트의 그림 번호 확인하기
배경 이름	현재 배경 이름 확인하기
크기	스프라이트의 원래 크기에 대한 현재 크기의 백분율 값을 확인하기

[소리 블록]

사용 블록	블록 설명
야옹 ▼ 재생하기	설정한 소리 파일을 실행하면서 다음 블록 실행하기
야옹 ▼ 끝까지 재생하기	설정한 소리 파일을 실행하여 끝까지 재생하기
모든 소리 끄기	재생되는 모든 소리 끄기
1 ▼ 번 타악기를 0.25 박자로 연주하기	설정한 타악기를 실징한 박자로 연주하기
0.25 박자 쉬기	재생되는 소리를 설정한 박자만큼 쉬기
60 ▼ 번 음을 0.5 박자로 연주하기	설정한 음을 설정한 박자만큼 연주하기
1 ▼ 번 악기로 정하기	연주에 사용할 악기 정하기

사용 블록	블록 설명
음량을 -10 만큼 바꾸기	음량을 설정한 값만큼 변경하기
음량을 100 % (으)로 정하기	음량을 설정한 값으로 정하기
음량	소리의 크기 값 확인하기
■르기를 20 만큼 바꾸기	소리의 빠르기를 설정한 값만큼 변경하기
■르기를 60 bpm 으로 정하기	소리 빠르기를 1분당 속도의 설정한 값으로 정하기
박자	소리의 빠르기 값 확인하기

[펜 블록]

사용 블록	블록 설명
지우기	무대의 모든 펜 자국 지우기
도장찍기	무대에 스프라이트의 이미지를 찍기
펜 내리기	스프라이트의 펜을 내려 이동 경로가 나타나게 하기
펜 올리기	스프라이트의 펜을 올려 이동 경로가 나타나지 않게 하기
펜 색깔을 ▢ (으)로 정하기	펜 색깔을 설정한 색깔로 변경하기
펜 색깔을 10 만큼 바꾸기	펜 색깔을 설정한 값만큼 변경하기
펜 색깔을 0 (으)로 정하기	펜 색깔을 설정한 값으로 정하기
펜 명암을 10 만큼 바꾸기	펜의 명암을 설정한 값만큼 변경하기
펜 명암을 50 (으)로 정하기	펜의 명암을 설정한 값으로 정하기
펜 굵기를 1 만큼 바꾸기	펜의 굵기를 설정한 값만큼 변경하기
펜 굵기를 1 (으)로 정하기	펜의 굵기를 설정한 값으로 정하기

[데이터 블록]

사용 블록	블록 설명
변수 만들기	새로운 변수 만들기
var	변수 값 확인하기
var ▼ 을(를) 0 로 정하기	변수 값을 설정한 값으로 정하기
var ▼ 을(를) 1 만큼 바꾸기	변수 값을 설정한 값만큼 변경하기
var ▼ 변수 보이기	변수를 무대에서 보이기
var ▼ 변수 숨기기	변수를 무대에서 숨기기
리스트 만들기	새로운 리스트 만들기
list	리스트 값 확인하기
thing 항목을 list ▼ 에 추가하기	리스트에 설정한 항목 추가하기
1 ▼ 번째 항목을 list ▼ 에서 삭제하기	리스트에서 지정한 위치의 항목 삭제하기
thing 을(를) 1 ▼ 번째 list ▼ 에 넣기	지정한 위치에 사용자가 입력한 항목을 리스트에 추가하기
1 ▼ 번째 list ▼ 의 항목을 thing (으)로 바꾸기	리스트의 지정한 위치의 항목을 설정한 값으로 변경하기
1 ▼ 번째 list ▼ 항목	리스트에서 지정한 위치의 항목 확인하기
list ▼ 리스트의 항목 수	리스트의 항목 개수 보여주기
list ▼ 리스트에 thing 포함되었는가?	리스트에 지정한 항목이 있는지 확인하기
list ▼ 리스트 보이기	리스트를 무대에서 보이기
list ▼ 리스트 숨기기	리스트를 무대에서 숨기기

[이벤트 블록]

사용 블록	블록 설명
클릭했을 때	실행(▶)을 클릭하면 아래에 연결된 블록들을 실행하기
스페이스 ▼ 키를 눌렀을 때	설정한 키를 누르면 아래에 연결된 블록들을 실행하기
이 스프라이트가 클릭될 때	스프라이트를 클릭하면 아래에 연결된 블록들을 실행하기
배경이 배경1 ▼ (으)로 바뀌었을 때	설정된 배경으로 바뀌면 아래에 연결된 블록들을 실행하기
음량 ▼ > 10 일 때	음량, 타이머의 값, 비디오 동작 등이 설정한 값보다 크면 아래에 연결된 블록들을 실행하기
메시지1 ▼ 을(를) 받았을 때	설정한 메시지를 받으면 아래에 연결된 블록들을 실행하기
메시지1 ▼ 방송하기	모든 스프라이트에 메시지를 보내고 다음 동작을 즉시 실행하기
메시지1 ▼ 방송하고 기다리기	모든 스프라이트에 메시지를 보내 이 메시지를 받으면 실행되는 블록들이 실행을 마친 후에 다음 동작 실행하기

[제어 블록]

사용 블록	블록 설명
1 초 기다리기	다음 명령을 실행하기 전에 설정한 시간 동안 기다리기
10 번 반복하기	내부에 포함된 블록들을 설정한 횟수만큼 반복 실행하기
무한 반복하기	내부에 포함된 블록들을 무한 반복하여 실행하기
만약 ___ (이)라면	조건이 참(true)인 경우 내부에 포함된 블록들을 실행하기

사용 블록	블록 설명
만약 (이)라면 / 아니면	조건이 참(true)이면 내부 블록 중 위쪽 블록을 실행하고 조건이 거짓(false)이면 '아니면' 아래 블록을 실행하기
까지 기다리기	조건이 참(true)일 때까지 실행을 멈추기
까지 반복하기	조건이 참(true)이 될 때까지 내부 블록을 반복 실행하기
모두 ▼ 멈추기	모든 스프라이트의 모든 스크립트 중지시키기
복제되었을 때	스프라이트가 복제되면 아래에 연결된 블록들을 실행하기
나 자신 ▼ 복제하기	설정한 스프라이트 복제하기
이 복제본 삭제하기	복제한 스프라이트 삭제하기

[관찰 블록]

사용 블록	블록 설명
마우스 포인터 ▼ 에 닿았는가?	스프라이트가 마우스 포인터, 벽, 다른 스프라이트 등에 닿았는지 확인하기
색에 닿았는가?	스프라이트가 설정한 색에 닿았는지 확인하기
색이 색에 닿았는가?	첫 번째 색이 두 번째 색에 닿았는지 확인하기
마우스 포인터 ▼ 까지 거리	선택한 스프라이트나 마우스 포인터까지의 거리 확인하기
What's your name? 묻고 기다리기	묻고 사용자가 답할 때까지 기다리기. 말풍선에 질문을 보여주고 사용자가 질문에 대한 답을 입력할 때까지 기다리기
대답	What's your name? 묻고 기다리기 에서 사용자가 답한 내용을 대답 블록에 저장하기
스페이스 ▼ 키를 눌렀는가?	설정한 키를 눌렀는지 확인하기
마우스를 클릭했는가?	마우스를 클릭했는지 확인하기

마우스의 x좌표	마우스 포인터의 x좌표 확인하기
마우스의 y좌표	마우스 포인터의 y좌표 확인하기
음량	컴퓨터에 연결된 마이크의 음량 값 확인하기
비디오 동작 ▼ 에 대한 이 스프라이트 ▼ 에서의 관찰값	사용자의 비디오와 연결하여 동작, 방향에 대한 관찰 값 알려주기
비디오 켜기 ▼	사용자의 비디오를 실행, 종료하기
비디오 투명도를 50 % 로 정하기	비디오의 투명도를 설정한 값으로 정하기
타이머	타이머를 초 단위로 구하기
타이머 초기화	타이머 값을 0으로 설정하기
x좌표 ▼ of 스프라이트 2 ▼	무대나 스프라이트의 다양한 속성(좌표, 방향, 모양 번호, 모양 이름, 크기, 음량) 확인하기
현재 분 ▼	현재 시간(년, 월, 일, 요일, 시, 분, 초)에 대한 정보 확인하기
2000년 이후 현재까지 날짜수	2000년 1월1일 이후 현재까지의 날짜 수 확인하기
사용자이름	내 프로젝트를 보고 있는 사용자의 이름 확인하기

[연산 블록]

사용 블록	블록 설명
◯ + ◯	두 수를 더하기
◯ - ◯	두 수의 차이 구하기
◯ * ◯	두 수를 곱하기
◯ / ◯	두 수의 몫을 구하기
1 부터 10 사이의 난수	설정한 범위 안에서 임의의 정수 하나를 선택하기
◻ < ◻	왼쪽 값이 오른쪽 값보다 작으면 참(true)으로 반환하기
◻ = ◻	왼쪽 값과 오른쪽 값이 같으면 참(true)으로 반환하기

`> `	왼쪽 값이 오른쪽 값보다 크면 참(true)으로 반환하기
`그리고`	두 조건이 모두 참(true)인 경우에만 결과가 참(true)이고, 나머지는 모두 거짓(false)으로 반환하기
`또는`	두 조건 중 하나라도 참(true)이면 결과가 참(true)이고, 둘 다 거짓(false)이면 거짓(false)으로 반환하기
`가(이) 아니다`	조건이 참(true)이면 결과는 거짓(false)이고, 조건이 거짓(false)이면 참(true)으로 반환하기
`hello 와 world 결합하기`	입력한 두 개의 문자열 결합하기
`1 번째 글자 ( world )`	입력한 문자열에서 지정한 위치의 문자 확인하기
`world 의 길이`	입력한 문자열의 길이 확인하기
`나누기 의 나머지`	왼쪽 값을 오른쪽 값으로 나눈 나머지 구하기
`반올림`	입력한 숫자 반올림하기
`제곱근 ▼ ( 9 )`	입력한 숫자를 여러 개의 함수(제곱근, 절댓값 등) 중에서 선택한 함수로 계산한 결과 보여주기

2. 용어집

번호	한글 용어 표기	교재 용어
1	되풀이	반복(iteration)
2	문제 분해	문제 나누기(decomposition)
3	조건 처리	조건 처리(conditional)
4	순서	순차 처리(sequential processing)
5	순서화, 일반화	알고리즘(algorithm)
6	프로그래밍, 코딩	코딩(coding)
7	데이터 저장소	변수(variable)
8	데이터 그룹	배열(array)
9	데이터 명단	리스트(list)
10	데이터 사슬	연결 리스트(linked list)
11	데이터 마디	노드(node)
12	스택의 최근 위치	스택의 탑(top)
13	큐의 끝 위치	큐의 백(back)
14	큐의 앞 위치	큐의 프론트(front)
15	번호	인덱스(index)
16	디테일 숨기기	추상화, abstraction
17	데이터 디테일 숨기기	자료 추상화(data abstraction)
18	하청 프로그램	함수(function)
19	하청 주기	함수 호출(function call)
20	하청 프로그램의 입력 값	함수의 파라미터

번호	한글 용어 표기	교재 용어
21	하청 프로그램의 출력 값	함수의 리턴 값
22	업무 분담처리	분산 처리(distributed processing)
23	동시 처리	병렬 처리(parallel processing)
24	업무 나누어 처리하기	분산 병렬 처리(distributed and parallel processing)
25	찾기	검색(search)
26	순서대로 나열하기	정렬(sort)
27	모두 찾기	순차 검색 또는 선형 검색 (sequential search, or linear search)
28	반씩 나누어서 찾기	이진 검색(binary search)
29	유사 코드	유사 코드(pseudo code)
30	최솟(최댓)값 찾아 순서대로 나열하기	선택 정렬(selection sort)
31	작은 순서로 나열하기	오름차순 정렬(ascending sort)
32	큰 순서로 나열하기	내림차순 정렬(descending sort)
33	두 그룹씩 합치기	합병(merge)
34	두 그룹씩 합치면서 순서대로 나열하기	합병 정렬(merge sorting)

참고문헌

천인국, 쉽게 풀어 쓴 C언어 Express, 생능, 2012

천인국, 두근두근 C언어 수업, 생능, 2015

천인국, 공용해, 하상호, C언어로 쉽게 풀어 쓴 데이터구조, 생능, 2014

가천대학교 소프트웨어 중심사업단, 초급 C언어, 2016

가천대학교 소프트웨어 중심사업단, 중급 C언어, 2016

천정아, 개념을 콕콕 잡아주는 C프로그래밍 2E, 이한, 2014

이지영 , IT CookBook, C로 배우는 쉬운 자료구조(개정판), 한빛아카데미, 2010

찾아보기

ㄱ

개인 식별하기 175
검색 174
검색의 정의 180
검색하기 174
검증 과정 199
교환(exchange) 194
군사 기밀 211
규칙, 선택 정렬의 196
글자 검색하기 185
기능 엮기 20
기본 기능 18
기준 값 178

ㄴ

난수 135

ㄷ

단계적 모델 253
데드락(deadlock) 219
데이터 저장소 30, 69, 76
도어락 211
동시 사용자 알고리즘 210, 219
동시 사용자 충돌 문제 210
두 그룹씩 합치기 200
두 그룹씩 합치면서 순서대로 나열하기 200

ㄹ

리스트 99, 126, 227
리턴 값 122

ㅁ

모듈(module) 249
문서에서 한 단어 찾기 185
문장에서 여러 개의 단어 찾기 187

문제 해결 18

ㅂ

반복 31
반복적 개발 254
반복 처리 31
반복하기 22
반씩 나누어 검색하기 174, 176
배열 227
변수 30, 67, 69, 124
보안 211
복호화 216
부(minor)속성 205
분산 및 병렬 처리 138
분산 처리 방식 138
브루투스 212
비기능적 요구 사항 256
비밀번호 211

ㅅ

사용자 요구 사항 256
생명 주기(life cycle) 250
선택 정렬 196
선형 검색 176
순차 31
순차 검색 176
순차 검색과 이진 검색의 비교 182
순차적으로 처리하기 21
순차 처리 31, 138
스크래치 220
스크래치 블록 20
스택 239
슬라이드1 187
슬라이드2 187
시스템 소프트웨어 259

시저 암호 213
시저 암호 알고리즘 212

ㅇ

아스키 코드 197
알고리즘 30, 180
알파벳 순서 204
암살자 216
암호 210
암호화 212
암호화된 메시지 217
암호화 알고리즘 210, 214
암호화의 특징 212
애자일 모델 255
업무 분담 또는 동시 처리 138
역방향 215
연결 리스트 234
오름차순 정렬 196
응용 소프트웨어 260
이진 검색 177
이진 검색 알고리즘 180
이진 검색하기 178
이진 검색 횟수 계산 183
이진 검색 횟수 계산 수식 183
일반화(generalization) 159
일상 생활에서 보안 210

ㅈ

자물쇠 211
자물쇠(lock) 221
자음/모음 순서 204
잠금과 해제 알고리즘 221
저장 공간 68
점증적 개발 254
정렬 176, 192
조건 처리 52
조건 처리하기 24
주(major)속성 205
줄리어스 시저 212
중간 값(middle) 178

중앙 값 178
증명 199

ㅊ

최고 값(high) 178
최댓값 192
최댓값용 198
최솟값 192
최솟(최댓)값 192
최솟(최댓)값 찾아 순서대로 나열하기 192
최하 값(low) 178
추상화 157

ㅋ

카이사르 암호 213
컴퓨터처럼 검색하기 175
컴퓨팅 사고 17, 30
큐 242
키 214
키(key) 213

ㅌ

투명한 슬라이드 185
특수 문자 197
특수 키 197
특수화(specialization) 159

ㅍ

파라미터 122
파이썬 220
평행 이동 213
폭포수 모델 252

ㅎ

하청 주기 117
하청 프로그램 117
한글 오름차순 정렬 205
함수 117
함수 도서관 118

함수로부터 받을 출력 값 122
함수에 전달할 입력 값 122
함수의 이름 122
함수 호출 117
합병 200
합병 정렬 201
합병 정렬 알고리즘 204
항공권 온라인 예약 222
해독 212
해독된 메시지 217
해킹 210
홀수 개 그룹의 합병 정렬하기 202
홍채 인식 175
활동 문제 210

A

ascending sort 196

B

binary search 177

C

Caesar cipher 213
come back home 219

D

decryption 212

E

encryption 212

L

linear search 176
log2 N 184

M

merge 200
merge sorting 201

N

NDEVRRQBHH 214

S

selection sort 196
sequential search 176
sort 176
sorting 192

V

variable 67

저자 소개

김 원
- 미국 MIT 공과대학 학사 및 석사
- 미국 UIUC(University of Illinois, Urbana-Champaign) Computer Science학과 박사
- 현) 가천대학교 소프트웨어 학과 석좌 교수
  가천대학교 소프트웨어중심대학 사업 단장
- 전) 가천대학교 수석부총장 / IT부총장
  성균관대학교 반도체시스템공학과 정교수 및 성균관대학교 Fellow
  삼성전자 기술총괄 소프트웨어 상근 기술고문
  미국 데이터베이스 소프트웨어 회사(UniSQL 및 Cyber Database) 창업 및 대표이사
  미국 IBM 연구소 및 MCC 연구소 연구원 및 연구국장

김진환
- 한림대학교 컴퓨터공학과 박사
- 현) 가천대학교 리버럴아츠칼리지 교수
  가천대학교 SW 교육센터 센터장

김한숙
- 중앙대학교 전자계산학과 석사
- 현) 가천대학교 SW 중심대학 초빙교수

문정경
- 공주대학교 컴퓨터공학과 공학박사
- 현) 가천대학교 SW 중심대학 초빙교수

민연아
- 동국대학교 컴퓨터공학 박사
- 현) 가천대학교 소프트웨어학과 교수

송근실
- 중앙대학교 첨단영상대학원 영상공학 박사
- 현) 가천대학교 SW 중심대학 초빙교수
- 전) 한신대학교 컴퓨터공학부 초빙교수

양순옥
- 고려대학교 컴퓨터학과 박사
- 현) 가천대학교 SW 중심대학 초빙교수
  전) 한국전자통신연구원(ETRI) 선임연구원
  연세대학교 전자공학과 연구교수
  고려대학교 컴퓨터 · 정보통신연구소 연구교수

이정훈
- 동국대학교 컴퓨터공학과 박사
- 현) 가천대학교 리버럴아츠칼리지 교수
- 전) 동국대학교 IT융합교육센터 초빙교수

전성미
- 숭실대학교 대학원 컴퓨터학과 박사
- 현) 가천대학교 리버럴아츠칼리지 교수
- 전) 숭실대학교 정보미디어기술연구소 연구교수
  LG CNS 기술대학원 전문과정
  삼성전자 첨단기술연수소 강사

전영철
- 가톨릭관동대학교 컴퓨터공학과 박사
- 현) 가천대학교 SW 중심대학 초빙교수